U0044206

邁向成熟大人的情緒教養系列 1

THE SELF-ESTEEM WORKBOOK FOR TEENS:
Activities to Help You Build Confidence and Achieve Your Goals

為何你不敢自在做自己？

建立自尊的40堂課

by Lisa M. Schab

麗莎・M・薩伯——著　童貴珊——譯

目錄

好評推薦

這是一本充滿智慧與啓發的書，它指引青少年如何主導他們的內在世界與外在世界。麗莎・薩伯的論述非常全面，內容含括了青少年所面對與經歷的各個層面：身、心、靈與人際關係。這本練習手冊的結構與形式，以成果導向的練習爲主，爲青少年量身訂製了受用一生的心理建設——健康的自尊。我高度推薦這本書給家有青少年或曾是青少年的你。

——蘇珊・施瓦茨（Susan Schwass）
執業臨床社工師，開業醫師

這本書積極引導學生循序地進入一種自我揭露的過程，溫和地檢視那些內在與外在因素，如何影響他們的自我觀感與幸福感。這本手冊的論述邏輯脈絡清晰，提供有助益的資訊，幫助學生投入深思熟慮的自我解構與分析，藉此反省並釐清個人的強項和正面特質。除此之外，這本手冊也引導學生去調整與改變那些會危及自我成長的行爲和思想。手冊所設計的內容和情境合情合理，不僅貼近青少年的生活實況，也很容易引起他們的共鳴。

——溫蒂・梅里曼（Wendy Merryman）博士
中央道芬學區（Central Dauphin School District）的諮商師

這本書打開了青少年的視野，引導他們學會將心比心和誠實無僞，挑戰他們勇於建立健康自尊、培養自我檢視的能力。書中內容所探觸的層面十分多元，從青少年每日不斷要面對的社會表層，包括錯綜複雜又強勢的資訊，到深層、個人內在的衝突與家庭的變化。內文安排了大量獨特的練習，讓孩子們可以在安全又正向的空間中，調整他們的思想與行動，最終幫助他們建立更純熟的人際關係，享有更優質的青少年學習生涯。

——妮可・布朗（Nicole Brown）
藝術治療碩士

麗莎・薩伯這本著重於建立青少年自尊的手冊，準備了充分又合乎常理的練習與說明，這些題目的設計理念，都源自當代研究與發展理論。身爲學有專精的心理諮商師，作者在內容的安排上，集結了許多專業知識，並在每一課的開頭，詮釋了作者務實的洞察力與深度的臨床諮商技巧，再從青少年與各自家庭所面對的情緒問題，跨越到思想和行爲等層面。

——蘭道夫・盧森特（Randolph Lucente）博士

芝加哥羅耀拉大學社工學院青少年心理學教授

這本書提供了容易理解且實用性很高的內容，當中按部就班的步驟與方法，幫助讀者朝著健康的自我認知前進，建立一個有效學習的基礎。麗莎・薩伯發展與設計了這個計畫，旨在提升自我檢視、自我覺察、毅力，以及著重於採取行動的力量，因爲這才是改善情況的解決之道。而貫穿全書主軸的，不外乎引導青少年聚焦於對眞實自我的追求，以及如何以具體行動來完成「眞實自我」的目標——這是多麼重要且珍貴的生活技能。這本手冊可讀性高，容易理解與上手，適合個人也適合團體。

——南希・韓拉漢（Nancy Hanrahan）

文學碩士，專業諮商師

自尊被擊潰的挫折感，常使青少年陷入迷惘當中而不知所措。他們開始質疑自己，對自我價值憂心又困惑，最終甚至出現自我毀滅的偏差行爲。這本手冊爲讀者提供了務實可行又創意十足的有力工具，不但能引導青少年去探索自己的身分認同，也幫助他們重振自信，讓自己更有能力做出聰明又健康的決定。這本書也幫助青少年帶著關鍵的能力生活，知道如何發掘自己的熱情，疏解來自同儕的壓力，對自己更溫柔有愛，對他人更具有同理心。這是每個青少年必讀的書。

——瑪格麗塔・塔塔科斯基（Margarita Tartakovsky）

理工碩士，網站 psychcentral.com 副主編

這本手冊含括了青少年成長旅程的各個面向，從個體的基礎建設，一路走向更高的自尊建立。

——特雷西・英達爾（Tracey Engdahl）

青少年行爲矯正諮商輔導員

【自序】

健康的自尊，是成熟大人的第一步

書寫本書的目的，是爲要幫助青少年——不僅針對那些高風險的青少年，對象也包括大部分青春期的少男少女——建立、增強與提升更健康的自尊意識。所謂健康的自尊，是指對個人的正面認知，除了要理解與接納自身所有的缺陷與短處，也要歡喜擁抱自己的優勢與強項，還要以平等心對待他人，建立符合事實與常情的信念和價值觀。擁有健康自尊意識的青少年，有能力認識並接納自己，也能表達對自己與他人的同理與同情。他們性格正直、表裡一致又自律，無論在理性認知或行爲舉止上，都能在面臨人生挑戰時，善用健康的方式來處理並尋找出路。即便不去改變外在的客觀條件，他們仍能打從心底認定自己的價值無需附帶任何條件，而他們也能以同樣的信念尊重他人的價值。

本書的活動設計是爲了幫助青少年進一步探索、理解與珍視自己獨特且眞實的自我，同時幫助他們善用一些技巧與方法，使他們能夠帶著自信、眞性情與平靜，穩穩地走自己的路。

當然，我們難免會面臨一些觀點上的挑戰，譬如建立青少年的自尊可能造成自負自大的問題，包括過於重視自己的權利、優越感、膨脹自戀又眼高手低，以及欠缺現實感與社會化不足。我相信這些疑慮並非健康自尊的特質與眞實面貌，反之，那正是缺乏自尊所導致的問題。這本書的目的是爲要幫助人們發展健康的情感，藉此爲他們所置身的世界貢獻平衡、協力合作與安定的力量。這樣的人能與其他夥伴合作愉快，進而爲大家提供積極與正向的生活力量。

騷動的青春，讓我們的青少年在身體、情緒與認知的轉變上，猶如坐雲霄飛車般，忽高忽低，躁動不安，頻頻自我懷疑又缺乏安全感。儘管如此，這些反應恰是成人介入導正與調整的契機。漫漫人生中，青少年時期是最強烈渴望尋找自我價值的人生階段，讓我們好好把握這個機會幫助他們！

謝謝你對青少年的付出與奉獻。

【前言】

愛與接納自己的每一個面向

親愛的讀者：

歡迎你來到這趟重要旅程的第一頁——走向你自己的旅程。你將從本書的內容當中，找到一些有助於認識自我的活動，這些練習是設計來幫助你理解這一路形塑你個性的緣由，你也可以從中探索，好好想想自己想成爲什麼樣的人。你將發掘一些與自我價值有關的信念，我也想邀請你相信自己是無價之寶，一如地球上的所有人。

當你完成一些練習之後，你將明白是哪些外在因素影響了你的觀念、感受與行爲。其他練習內容也將幫助你更深入發掘你的內在核心價值——那個最單純而眞實的你，是尙未被任何人或任何事影響之前的那個你。

就算承受外在的壓力，你仍能學會找到活出眞實自我的途徑。你將掌握幾項有意義的工具，幫助你釐清：正向思維始終來自你如何思考、如何選擇，進而指引你在漫漫人生路上掌握成功的關鍵。

這本書有個基本前提：你必須毫無保留地接納眞實的自己。這是建立健康自尊必須具備的基本信念。我們無條件地擁抱自己，無論有何缺陷或優點，都要照單全收。書中的一些練習也會幫助你建立這些觀念。其他的練習則是爲了幫助你確認並聚焦在你的「正面與積極向度」，如此一來，即便生活中遭遇挑戰而令你信心動搖，你仍能找到一些値得慶祝的理由。

接納自己的每一個面向，不代表我們放棄追求自我成長與精進。你可以找到一些能幫助自己強化內在力量的活動，藉此掌握一些更好的方法來面對挑戰，同時完成你的目標。

我希望你能從精采的生命角度出發，從中學習去理解、接納與擁抱你作爲一個生命所承繼一切與生俱來、眞實無比的價値。一旦你明白自己與他人是全然平等的，你便能敞開自我，自在地表達對自己的愛與接納。這就是健康自尊的根基。

不管你當下有什麼樣的感受，請先確信自己已具備勇氣要展開這趟美好的旅程。盡情地投入這場冒險吧！

祝你旅途愉快，收穫滿滿！

第1課 何為健康的自尊？

擁有健康的自尊，意味著你擁有堅定的自我價值感。你了解並接納自己的缺陷與脆弱，同時欣賞自己的長處與優勢並心懷感激。

當你擁有健康的自尊時，你也同時了解到，原來「天生我才必有用」，每一個人都擁有與生俱來的價值，包括你自己。

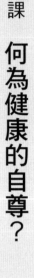

凱蒂的經驗談

凱蒂年紀還小的時候，總覺得自己差人一等，身邊每一個人似乎都比她優秀——外貌比她出色、名氣比她出眾、才氣比她強，就連頭腦也比她聰明。她感覺自己各方面的條件都差強人意，乏善可陳。

有一天，她看到鄰居湯姆在練習空手道。凱蒂向來打從心底敬佩湯姆，覺得他無論面對任何人都能落落大方地侃侃而談，而且態度總是從容自在。她在一旁觀察湯姆練習時的一舉一動，多麼平靜柔和而聚精會神，他的身體與心靈是如此健全。

「你看起來既聰明又酷，而且充滿自信。」凱蒂如此稱讚湯姆。接著她繼續說道：「我好希望自己也可以像你那樣。我覺得自己動不動就懊惱沮喪，而且老是做錯事，還常常說些愚蠢的話。」

湯姆把手臂搭在凱蒂的肩膀上，笑著對她說：「每一個人都會懊惱沮喪，也都會犯錯，當然更難免會說些愚不可及的話。每一個人都有自己的恐懼、缺點和缺乏安全感的地方，只不過你從外表上看不出來而已。你知道嗎，我在更低年級的時候，每天早上還沒搭上校車前，都要先狂哭一輪才能出門呢！正因爲這樣，我才開始學空手道，以此來控制和舒緩我對於上學的焦慮和不安。」

「可是我一直都覺得你很沉著穩定。」凱蒂忍不住說。

「我是個平凡的人，就跟你一樣。」湯姆解釋道：「你只是過度把焦點放在自己的不完美和別人的優點上，然後你又把自己的價值建構在這個偏差的認定上。凱蒂，你要知道，我們沒有人多帶了什麼東西來到這世上，大家都一樣。當你明白大家並沒有任何差別時，你就會對自己感覺好一些。如實接納自己，也接納其他人。無論如何，我們都是無價之寶。」

先試試看

擁有健康自尊的人，同時也能認同他人的價值。他們會坦然承認自己的不足，在認清自己的缺點之餘，並不會覺得彆扭或羞恥；在肯定自己的優勢與長處之際，也不會貶抑他人。

請閱讀以下這些不同情境下的對話，然後找出你認爲最能詮釋「健康自尊」的回應：

1. 「恭喜你在自由式的游泳接力賽中旗開得勝！」

□「謝謝，我眞的好開心。你也在潛水比賽中得到冠軍，太棒了！」

□「我不曉得我是怎麼贏的。我覺得自己的狀態並不好。」

□「對呀，我一上場就讓其他選手看我游得像蝌蚪一樣快！」

2.「我聽說帕崔克和你分手了。你還好嗎？」

□「好得不得了。我早就想把他給甩了。他真的讓我很不開心。」

□「其實我早就料到會有這一天了。沒有人會在真正認識我之後還想跟我交往。」

□「我確實難過了好一陣子，但現在感覺好多了。」

3.「抱歉，打擾一下，我想你可能坐錯位子了。能不能請你檢查一下你的票根？」

□「哦，對不起！我老是把事情搞砸了！」

□「拜託，是我先到的！你怎麼不自己去找其他空位啊？」

□「啊，你是對的，抱歉，是我坐錯了，我的位子應該在下一排。」

4.「嘿！那是我的毛衣！你居然沒開口跟我借就擅自拿走了！」

□「對不起！你當時不在家，不過我還是應該先詢問你才對。」

□「別那麼大驚小怪地亂叫嘛！你不覺得這件毛衣穿在我身上更好看嗎？」

□「我眞搞不懂自己在想什麼。我穿起來根本就不好看。我會把自己的一件毛衣給你，當作補償。」

進階練習

1. 你認識的人當中，有誰在你眼中「完美無缺」？請寫下對方的名字。

---

2. 列出此人不夠完美或有待改進的地方。

---

3. 從一個「不健康自尊」的角度來形容自己，忽略你的長處與優點，只強調你的缺陷，並且

想想自己不及他人之處。

4. 從一個「健康自尊」的角度來形容自己，認清你的長處與優點，接納你的不完美，明白所有人都擁有平等的價值。

給自己的肯定句

不管我們有何優缺點，天生我才必有用，每一個人都是無價之寶，包括我自己在內。

第2課 你的生命故事

每個人的背後都有個故事，每一個故事都意義非凡。

不管你有哪些朋友、讀哪一所學校和哪一個年級，無論你現在的人生是否如你所願，你的故事只屬於你自己，並且無可取代。

過去所有發生在你身上的故事，成就了今天的你。你人生中曾經歷的大小事件，你所認識的每一個人、遭遇的每一件事，都成爲一個又一個元素，建構了此時此刻的你。

每一個人的故事都獨一無二。就算我們住在同一個城鎮、讀同一所學校、或甚至來自同一個家庭，這趟旅途卻是千折百轉，各人都走著自己不同的路徑才來到現在這個目的地，並在當下拿起這本書來閱讀。

認識你個人的生命故事，是認識自己的絕佳起點。你的故事，就是你的歷史。深入探索與發掘你過去的歷史，有助於你認清自己是如何一步步成爲現在的樣子。而當你敘述自己的故事時，你會從中學習去珍視那些生命史，也學會了自重自愛。記得，你配得。即便你現在可能不以爲然，但你仍配得。

你獨特的人生故事包含那些曾經發生在你身上的事件，這些都是勾勒生命全貌的重要資訊。當然，這些故事也承載了正面與負面的感受。說出你自己的故事，其實是一種探索、認同與珍視你人生的方式。這個起點使你開始能夠自在地進行自我內省與觀照，重新檢視自己是誰。

先試試看

在一張紙上列出你人生中難以忘懷的記憶清單。譬如開學或轉學的經驗、認識或失去某位朋友、弟妹的出生、完成某項成就或遭逢失敗打擊、進入婚姻或歷經離婚、出外旅遊、快樂的時光或艱難的低谷。

請在每一個重大事件的下方，寫下事件發生當時的年齡。

下方這條橫線，是一條標示著年齡的時間軸。請在線條最左邊註記「零歲」，然後在最右邊寫下你目前的年紀。接下來將剛剛記錄的事件清單，移到這線條上，再按著事件發生時自己的年紀，一一註記在這條時間軸上。

如果你記錄的是正面記憶，請寫在時間軸的線上；反之，你記錄的若是負面記憶，則寫在線條之下。但假如你的記憶與內容無法簡化分類成正面或負面，就另取一張空白紙，再新增另一條時間軸線。

完成後，請回頭檢視你的時間軸線，描述一下你的觀察或感受。

進階練習

現在，請以最眞切的敘述方式來書寫你的生命故事。用另一張紙來寫，或直接用電腦打字，以取得更多你需要的書寫空間。

這不是作文，所以沒有文體結構或條規要遵守。放輕鬆，就讓你的故事引導你的文思流動，自由書寫。你或許可以這樣開始：「很久很久以前……」

零歲　　　　　　　　　　今年 ____ 歲

「我出生於……」或「我人生最早的記憶是……」

你也可以只在那條時間軸線上提供一些關於你人生大事的細節，或者可含括更多有關你出生時的資訊；介紹你的家庭成員、你與眾不同的家庭、學校、老師、或其他影響你至深的人；談談你的朋友、你的假期生活、或任何與生命故事相關的部分。故事篇幅長短不限，一切由你決定。

寫好之後，找一位你信任的人，在他面前讀出你的生命故事。

請形容當你書寫並分享自己的生命故事時，你的感覺如何？

給自己的肯定句

我個人的生命故事和我這個人一樣，都是獨一無二的。

第3課 接納你的特質

無論你是誰，不管你曾待過何處或曾走過哪些歷程，都無所謂。無論你曾完成或未曾完成哪些事，無論你說過或未曾說過哪些話，無論你想過或未曾動過哪些念頭，今天，此時此刻的當下，你都擁有正面的特質。好好去發掘你的優點和強項，並為此感恩。擁抱你的正面特質，是通往健康自尊的必要途徑。

瑪雅的經驗談

瑪雅的生活感覺每況愈下。這一學年的課程越來越難，力有未逮的她，就快跟不上進度了；而她的好朋友最近幾乎都不跟她說話，讓她覺得好孤單。反觀瑪雅的哥哥，近日又得獎了。和哥哥相比，瑪雅總覺得相形見絀，心想自己永遠也不可能像哥哥那樣才華橫溢。更糟的是，她上星期因爲偷化妝品被逮個人贓俱獲。商店經理因爲認識她的家人所以沒有舉發她，但致電她父母告知此事。瑪雅覺得自己是個徹頭徹尾的「魯蛇」，什麼都做不好，事事盡不如人意。

當爸爸敲她的房門時，畏縮不安的瑪雅心想：「該來的總是要來，就硬著頭皮接受教訓吧！」她擔心自己恐怕要一輩子被禁足了。但是，瑪雅的爸爸並沒有對她下禁足令，反之，爸爸覺得瑪雅把自己逼得太緊了，他常常聽到瑪雅妄自菲薄的心聲，因而十分擔憂女兒的狀況。爸爸告訴瑪雅，她應該爲自己所擁有的許多美好事物而驕傲，而非老是聚焦在她討厭的事情上。

「但我眞的一無是處啊，」瑪雅說道：「我老是把一堆事情搞砸！」

「如果你對你所想的信以爲眞，那麼你永遠也快樂不起來。」爸爸對她說：「你想過自己是個多麼優秀的藝術家嗎？你想過媽媽和我有多麼愛你嗎？你有沒有想過，爲什麼從小學開始總有那麼多朋友喜歡圍繞在你身邊呢？爲什麼梅爾夫婦常常請你過去幫他們照顧小孩呢？當媽媽週末要上班時，你知道自己是媽媽最得力的助手嗎？瑪雅，你擁有許多好得不得了的正面特質，只不過你總是把焦點放在自己厭煩的缺點上，所以沒有注意到自己那些美好的面向！」

先試試看

1. 你可能也曾有過跟瑪雅一樣的心態。描述一下那個階段的感受。你的人生怎麼了？

2. 總有人會提起你的正面特質，但你就是置若罔聞，完全不信。決定要以什麼樣的眼光來看待自己，是你的選擇。當你把注意力都放在「討厭自己」這件事情上，請描述那是什麼樣的感覺？

3. 當你把注意力都聚焦在「喜歡自己」時，請描述一下你的感受。

4. 有時大腦會戲弄我們，以似是而非的資訊來困惑我們，說服我們相信自己的優點都是假的，或試圖矇騙我們，讓我們誤以為別人的稱讚與肯定只不過是客氣的謊言。這些狀況可曾發生在你身上？若有，請分享一些你親身經歷過的實例。

5. 想一想，你決定選擇相信哪一種說法？你會考慮換個角度，將注意力從「討厭自己」轉移到「喜歡自己」嗎？試著描述你的決定和理由。

進階練習

所謂優點，不代表你在某方面旗開得勝或達成某些目標。優點意味著你的努力、你的想法，以及你對自我的認知。當然，光是拿起這本書來閱讀就足以證明你有多棒了，因爲那意味著你願意努力嘗試一些新的方法，同時也表示你還心存希望與勇氣，而且保持開放的心態，樂於做出調整與改變。

1. 以下的形容詞，哪些最能適切描繪你的優點與長處？請把它們圈起來。

好的傾聽者	忠心耿耿	誠實
對動物友善	有個運動強項	可靠
有幽默感	勤奮	聰明
有耐心	對人友善親切	是個很好的朋友
眞誠	有愛心	有勇氣與膽識
乾淨整齊	負責任	有出眾的嗜好

2. 為你圈起來的每一個優點舉例說明。譬如，如果你圈了「有耐心」，請敘述某個你耐心守候

的具體時間，或者在某些情境下你注意到自己總是特別有耐心。

3. 向兩、三個認識你的朋友探詢，問問他們會使用上述哪些形容詞來描述你的優點，把它們記錄下來。

給自己的肯定句

我認清並接納我的優點與特質。

第4課 大腦與家族的資訊

你的某部分自我感覺與認知，跟你的大腦構造和組成成分有密切關係。

你大腦裡不同部位與元素的運作，再加上化學物質的分泌與活動等，都是你代代相傳、與生俱來的遺傳基因，譬如你的身高和髮色。

我們的大腦是個奇妙且錯綜複雜的器官。它是我們身體的電腦指揮中心。大腦控制、調節與維繫我們身體所運作的每一件事，包括影響我們的自尊。

大腦裡的不同部位執行著不同的功能。比方說，大腦的深層邊緣系統會設定我們心靈的情緒基調與反應。這個組織會影響我們看事情的能力——正面積極或負面消極。當深層邊緣系統工作得太勞累時，我們就會出現負面傾向，如此一來，我們的自尊也會跟著降低。另一部分則是由大腦深部一系列神經核所組成的基底核系統，它支配我們感受焦慮與憂心的程度。這塊區域若是過於活躍，會讓當事者感覺自己莫名其妙被批評或被盤查審問，進而引發不悅感。大腦的前額葉皮質可幫助個體發揮專注力與組織能力；而扮演大腦皮質副手的扣帶迴系統，則影響我們靈活調度與協力合作的能力；至於左右兩邊的顳葉，則支配我們的記憶、情緒穩定度、企圖心和攻擊性。這些大腦內部的各個功能與活動，一旦過度強化或嚴重不足，都會影響我們的言行舉止，以及我們對自己的觀感。

隨著不同系統的運作，大腦也會藉由化學或神經傳導物質的協助，分工執行各樣任務。這些化學物質的多寡與運作模式，都會牽制我們的情緒、觀感與行爲。比方說，多巴胺的分泌，對個人體驗幸福感與快樂有極大的助益，去甲基腎上腺素則左右我們全神貫注與聚焦重點的能力。這些神經傳導物質的過多與不足，都會使我們無力抗拒日益加劇的憂鬱傾向。

一切新生的大腦，其內部生理機能都遺傳自我們的家族。當我們越來越明白我們是如何藉由基因遺傳而來到這世界，我們就會越來越認清自己該如何面對與應戰，尋找有效的方式來建立健康的自尊。

先試試看

你的名字

畫一棵「家族樹」，如右圖，填寫比你早到這世界的家族成員資料。寫下你父母與祖父母的姓名。如果可能的話，最好也寫下你曾祖父母的名字，還有你的阿姨姑姑、叔伯與其他有血緣關係的親戚姓名。在每一個姓名底下，用簡單幾個字描述他們的基本人格特質。你可以參考以下詞彙，或是用你自己所選的形容詞。

注意：如果你對某位親戚認識不深，你可以考慮向其他家庭成員打聽，藉此了解他們的特質。但如果其中有人不願分享自己的資訊與背景，你還是必須尊重他們的隱私。

焦慮不安	樂觀	專制蠻橫	外向	擔憂
無憂無慮	藝術天賦	詭詐善變	滑稽	勇敢
性情古怪	獨來獨往	善於社交	企圖心強	叛逆
成癮	輕鬆慵懶	內向封閉	完美主義	冷漠
憂鬱	情緒化	高調浮誇	知識分子	勤奮
有創意	緊張兮兮	目標導向	散漫懶惰	苛刻
悲觀	害羞	安靜	充滿靈性	愛冒險

進階練習

檢視一下你剛剛畫的家族樹，嘗試回答以下問題：

1. 你覺得自己的個性與哪一位家族成員的人格特質最相似？

2. 你覺得自己的個性與哪一位家族成員的人格特質差異最大？

3. 你應該聽別人提過，你的言行舉止常讓他們想起某位親人。那是哪位親屬？他們依據的理由為何？

4. 你在家族樹中是否瞥見任何高度重複性的行為模式？請描述一下。

5. 你認為自己目前的自尊，可能或不可能深受你大腦內化學物質的分泌所影響？請敘述。

6. 依據各個層面的家族歷史、遺傳與影響，請敘述你還需要努力加強以建構健康自尊的地方。

給自己的肯定句

我某部分的自尊，源於生物學上的形塑，那是與生俱來且無力改變的範疇。

第5課 家人的批評

當下你對自己的觀感與認識，有一部分與你從家庭裡接收到的評價與回應，脫離不了關係。你在幼年時如何解讀那些指責與批評，建構了你對自己的正面或負面認知。

及至年長，當你以成年人的角度來衡量同樣的言論與評價時，你可以自行決定，哪些是你選擇要相信的評論，而哪些是你拒絕接受的批評。

迪倫的經驗談

迪倫在第四期的壓力支援團體中列席旁聽，他感到有些困惑不解。身旁的其他小孩看起來狀況比他更糟，他們理當比迪倫背負更多壓力。迪倫的腦袋裡老是無法擺脫一些想法與事情，別人對他的批評讓他覺得自己很糟糕。這些觀感強烈並牢牢地霸占他的思緒，彷若一股力大無窮的勢力，足以毀了他的一生。他覺得難以啓齒，不好意思在支援團體裡提起這些事，於是他事後私下告訴支援團體的組長潔妮小姐。

「我老是聽到腦袋裡的一些聲音，不斷提醒我不夠優秀、不夠好。」迪倫說道：「我快要被這些聲音和念頭逼瘋了。不管我做什麼，我總是覺得自己糟透了。」

「有人曾經當面批評你的表現不夠好嗎？」潔妮小姐問他。

「只有我爸爸會這麼說，當時我還小。他常告訴我應該在足球的表現上再多努力一點，再多進步一點。我猜他一直想要嘗試修正我的態度，試著改善我做的每一件事。就算我眞的進步了，他還是會告誡我還有改善的空間。」

「哦，原來如此。你現有的這些想法，其實有跡可尋。」潔妮小姐進一步解釋道：「童年時所接收到的言論和訊息，會緊緊跟隨我們。尤其當這些言辭是出自我們的父母或監護人時，話語的力量就更強烈了，因爲他們是我們人生中最重要的人。我們必須在各方面仰賴他們才得以存活，因此，他們所傳遞的訊息，往往成了我們認識自我最初的依據。在我們成長的過程中，這些話語也逐漸形塑了我們的自我形象與自尊。

「最理想的狀態是，我們由健康正面的人撫養並照顧，而且他們只對我們說正向的評論。但現實往往是另外一回事。撫養我們長大的都是『凡人』父母，雖然他們已經盡力而爲了，但依舊不完美；而且他們總是在某些時候忍不住對我們釋放出不健康的批評，無法對我們表達健康之愛或正面的言論。不過，現在最重要的是，我們要釐清和明白，那些負面言論並不能反映我們眞正的價值。

「當我們還年幼時，通常會毫不質疑地將所有針對我們的言論照單全收。及至年紀漸長，你已經有能力以更謹愼的態度來檢視與過濾，哪些話語能幫助你開創更健康的自尊，哪些只會讓你的自尊受損。你有能力捨棄任何對你無益的言論。」

先試試看

1. 你認為迪倫的爸爸為何不斷告訴兒子要力求改進？

2. 你覺得迪倫對此有什麼感受？

3. 你覺得迪倫的爸爸愛不愛自己的兒子？

4. 為了建立更健康的自尊，當迪倫面對揮之不去的念頭——「自己永遠不夠好」時，你覺得他可以怎麼做？

進階練習

1. 請畫線選出以下家人曾對你說過的言論，無論是毫不掩飾的直接批評，或是以暗示的方式評論你。

「你還不夠努力。」

「你表現得不夠好。」

「你永遠也做不到。」

「你爲什麼不能像你哥哥（或其他手足）一樣呢？」

「你快把我逼瘋了。」

「你爲什麼要這麼做？」

「你什麼時候才能變得成熟一點？」

「你是愚蠢還是有其他毛病啊？」

「你其實可以做得更好。」

「你沒有資格生氣。」

「你這輩子能不能做出一些成就？」

「看吧！看你幹了什麼好事。」

「你就不能好好做對一件事嗎？」

「但願你能從中學到教訓。」

2. 除了上述這些評論之外，你若還想起其他會影響你的自尊，並且不斷在你的腦中盤旋、揮之不去的挑剔言論，把它們寫下來。

3. 說說看，這些說法與評論如何影響今日的你對自我的觀感與認知。

4. 拿另一張紙，把你想從腦海中刪除的言論，重新再寫一次。然後把這張紙放進碎紙機裡絞碎或捲起來丟掉。提醒自己，你擁有要接受哪些訊息和評論的選擇權。

給自己的肯定句

我可以放下那些來自家庭成員的負面評論，因為這些言論無助於建立健康的自尊。

第6課 社會的價值觀

當下你對自己的觀感與認識，有一部分與你所接受的社會評論有關。你在幼年時如何解讀那些言辭與評論，建構了你對自己的正面或負面認知。

及至年長，當你以成年人的角度來衡量同樣的言論與評價時，你可以自行決定，哪些是你選擇要相信的評論，而哪些是你拒絕接受的批評。

傑瑞的經驗談

傑瑞班上的同學正熱烈討論一些夾帶文化信念的社會評論。哈農老師要求孩子們從收音機、電視、網路、報紙與雜誌上所接觸到的訊息，舉例說明。

「我聽到的是汽車廣告。哪些車款最熱門、跑最快、里程數最強。」麥克斯說。

「我看的是雜誌和電視，接收到的訊息是，每一個人都應該追求身材苗條、外貌美麗。這些內容眞的快把我逼瘋了！拜託，我永遠都不可能長得像那些廣告裡的女生啊！」惠妮接著說。

「每一件事都在教我們要如何變成有錢人。到處都是如何賺更多錢的廣告。」傑瑞說。

「我聽到的是越來越多『環保綠生活』的廣告。爲了拯救環境，我們應該以做到環保3R——垃圾減量、再利用、循環使用爲目標。」羅倫說。

哈農老師總結說道：「你們舉的都是很棒的例子。媒體其實對社會大眾傳遞了許多信念和價值觀。你們剛剛說了，我們的社會價值重視的是和車子、外貌、金錢與拯救環境有關的議題。現在，請想想看，你們個人如何受到那些資訊的影響？如果你擁有或無法擁有這些東西，抑或你按著社會灌輸給你的主流價值去做、依照那些被高度接受的目標去行動，請問你的自尊會如何受到影響？」

先試試看

1. 你小時候都看什麼電視節目？

2. 這些節目傳達了哪些社會大眾所推崇的資訊？

3. 關於最美或最帥的長相，以及最佳或最潮的穿搭，你所看的這些節目傳遞了哪些信念？

4. 你記得你看過哪些廣告嗎？

5. 這些廣告傳達了哪些社會大眾所推崇的資訊？

6. 即便你當時因為年紀小而不明白，但你是否記得一些聽過的政治議題？

7. 你還記得在學校求學的過程中，你學到哪些社會大衆所接受與重視的議題？

8. 回頭檢視你所寫的這些答案，請形容這些社會資訊如何影響今天的你，並進一步形塑了你是誰或你對自己的觀感？

9. 其中有哪些是你想要持續保有和持續影響自己的資訊？有哪些是你不想再相信的資訊？

進階練習

1. 如果你可以建立自己的社會，那會是一個怎樣的社會？

2. 為了幫助孩子發展健康的自尊，你會向他們傳遞什麼樣的訊息與評論？

3. 想想看，你若從小就接受這樣的訊息，你的人生會有多大的改變？抑或差別不大？

4. 站在鏡子前，把這些訊息與評論，一遍遍讀給自己聽。

給自己的肯定句

面對這個社會亟欲傳遞給我的資訊與評論，我大可忽略，不必全然相信。

第7課 你對自我的評論

當下你對自己的觀感與認識，有一部分與你所接受的自我評論有關。你所接觸的那些言辭與評論，建構了你對自己的正面或負面認知。當你開始重新辨識、探索與衡量這些言論和評價時，你可以自行決定，哪些是你要保存與相信的評論，而哪些是你拒絕接受的內容。你可以學習以全新的方式來對自己說話，藉此重新建立健康的自尊。

不管你是否開口，事實是，你隨時隨地都在對自己「說話」。你或許沒有意識到，你頭腦裡時刻都在進行各種對話，因爲你的內在聲音不斷傳遞各種會影響自我觀感的評論給你，進而支配了你的感受。

「我剛剛眞不該那樣說……那部電影實在太精采了……我眞的好喜歡她……他太無禮了……我討厭這一班……我眞不敢相信自己又失敗了……好難吃哦。」類似的訊息與評論不斷來來去去。我們給自己下的這些評論，都是建立自尊的元素。

當史蓋拉在樂團演出中表現失誤時，她告訴自己：「我眞希望自己沒有出錯，但總的來說，我已經進步很多了，那已經很棒了！」當她沒接到任何舞會的邀約時，她告訴自己：「我身邊還是有不少好朋友陪我度過那個夜晚。」顯然，這些正面的自我評論有助於史蓋拉建立健康的自尊。

當史蒂文在樂團演出中表現失誤時，他告訴自己：「反正我本來就不可能有什麼好表現。」當他沒接到任何舞會的邀約時，他告訴自己：「看吧，不會有人想要約我出去。」顯然，這些負面的自我評論已經讓史蒂文建立了不健康的自尊。

你或許不曾察覺，但事實上，你從小就不停地自我暗示、給自己許多評論。現在你已經是一個青少年，擁有自我探索的能力，足以幫助你關注這些自我評論。接著，你可以決定哪些訊息値得保存與相信，哪些要讓它隨風而逝。

先試試看

回頭檢視你會傳遞給自己的一些評論。如果你真的想不起任何明確的訊息，不妨依照以下不同情境來推測與模擬。面對這些處境時，你會對自己說些什麼？

1. 當你第一次騎腳踏車時摔倒了。

2. 當你被一個朋友拒絕了。

3. 在籃球場上，錯過一顆好不容易歷經一番廝殺搶救來的球。

4. 當你被父母訓斥時。

5. 當你犯錯或表現失常時。

6. 當你在球隊中沒有被優先選上時。

7. 在未來幾天，留心聆聽你的自我評論。面對一天當中所發生的各種情境，注意觀察你的反應。將這些自我評論記錄下來，追蹤一下你說過幾次一樣的話語，然後從以下表格中，圈出哪些反應左右了你的自尊，讓你的自尊忽高忽低、上下搖擺，抑或你根本絲毫不受影響。

自我評論	說過幾次同樣的評論	自尊
		提升　低落　不受影響
		提升　低落　不受影響
		提升　低落　不受影響
		提升　低落　不受影響
		提升　低落　不受影響

8. 以下哪些形容詞最能貼切表達你的自我評論，請圈起來。也可把你自己的詞彙添加在線條空白處。

正面	自貶	公平	溫柔	______
嚴苛	同情	粗暴	攻擊性	______
善良	體貼	非理性	疼惜	______
理性	負面	顧慮周全	不公義	______

9. 比較一下，你對自己的評論與你對朋友的評論，兩者差別為何？

對自己比較寬容　　毫無差別　　對自己比較嚴苛

進階練習

1. 請寫下五個有助於提升健康自尊的自我評論。

(1) ____________________

(2) ____________________

(3) ____________________

(4) ____________________

(5) ____________________

2. 請把上述提升自尊的訊息，挑選以下的管道或方式，傳遞給自己，然後不斷循此方式練習。

- 站在鏡子前，把訊息大聲說給自己聽。
- 透過手機簡訊發送給自己。
- 透過電郵，把訊息寄給自己。
- 把訊息寫在便利貼上，貼在你隨時看得見的地方。
- 把訊息寫在你的作業簿裡。
- 透過社群媒體，把訊息寄給自己。
- 透過語音留言，把語音檔寄給自己。
- 寫下訊息，透過郵寄的方式寄給自己。

給自己的肯定句

我只選擇有助於開創與提升健康自尊的自我評論。

第8課 你是無價之寶

每一個來到這世上的人都各有其價值，也配得敬重。人人皆如此，無一例外。當然也包括你。

也許你曾一度以爲自己一無是處。也或許你認爲其他人之所以有價值又配得尊重，一定是他們身上多了一些你所沒有的特質與緣由。你對自己的觀感甚至可能已經內化了。總之，你就是打從心底覺得自己的存在是個錯誤。

如果我們把自己的缺點放大到如此地步，而且對此深信不疑，那麼，我們將很難建立健康的自尊。事實上，這樣的負面信念將使得生活中的每一件事——我們的人際關係、我們的成就、我們所進行的活動——蒙上一層灰。

有一件事非常重要，那就是你必須明白，這些負面信念都是錯的。這些念頭或許很容易讓人信以爲眞，但我們絕不可輕易相信這些想法。事實上，沒有任何人在這世上是毫無價值或一無是處的。醫院的新生嬰兒房從來不會這樣分類：一間給與生俱來有價值的寶寶，一間給毫無價值的寶寶。我們每一個人的出生，都是一個奇蹟。要留意的是我們的心思意念，因爲這些念頭會誤導我們。

先試試看

想一想任何一個你見過的新生嬰兒。如果你不認識任何寶寶，那就想像一個。想像那位剛剛來到人世間報到的小嬰兒，吸了生平第一口氣。那麼脆弱無助的小生命，需要完全仰賴他人的照顧。想像一下寶寶出生的這個生命奇蹟，他是如此天眞無邪。

檢視以下醫護人員可能會告訴嬰兒父母的聲明：

「這個寶寶和其他寶寶比起來，差了一點。」
「這個寶寶看起來一無是處。」
「你生下一個毫無價值的人。」

「這個嬰兒肯定不具任何潛力。」

「這孩子的出生是個錯誤。」

「你的寶寶看起來是個無用的孩子。」

從一個醫生的口中說出對孩子的這番評論，聽起來是不是很荒謬？但你不是也對自己說了這麼不合理的聲明與評論嗎？你也曾經是個新生嬰兒，而你的價值從未隨著時日的累積而有任何減損與消失。

在以下這幅框框裡，畫一幅你自己剛出生時的樣子，或貼上一張你的嬰兒照。在下方的橫線上，寫下你的名字。

把以下這段聲明，抄寫一遍：「無論成功失敗或任何外在條件的轉變，生而為

人，其內在的價值始終存在。」

進階練習

1. 列出你曾在哪些場合與情境下，認為自己一無是處或乏善可陳。

2. 寫下你當時對自己所說的評論。

3. 提出符合實況、可以被證實的資訊，來確認你真的毫無價值可言。譬如這些評論是否印製在你的出生證明上，而你手上也握有一份複製版。

4. 說說看是什麼原因使你相信自己一無是處或渾身缺點。

5. 使用自己的語言，寫一段話來承諾自己，保證你會拒絕相信那些謊言。

給自己的肯定句

我和任何一個來到這世上的孩子一樣，擁有本俱的價值，值得被珍視。

第9課 欣賞萬物之美

你在遺傳基因上早已被設定好要成為你自己，而且也唯有你能成為你自己。這意味著只要跟著你原來的路走下去，就會越走越開闊，不僅成功在望，還會活出更好的自己。

當我們對自己感到不滿意時，很可能會對身邊的人心生羨慕，希望自己也像別人一樣的美好。有時候，我們會試著模仿他們，甚至一心想要超越他們。如果我們眞的那麼做，便注定要失敗。任何一個人都不可能讓自己成爲另一個人，一如老鷹就是老鷹，牠再怎麼努力也不可能變成紅鸛；長得再怎麼高的萬年青，總歸是萬年青，永遠也不會成爲一棵橡樹。

宇宙的自然狀態，百花齊放，充滿多元性和多樣化。各種不同種類的樹木、花草、昆蟲、鳥類與動物的存在，都證實了這個科學眞相。同理可推，人類作爲萬物當中的一員，也存在著不同的族群、身型與膚色。豐富與各自精采的多元性，有其存在的目的。人與人之間承擔著不同的天職與任務，我們本來就需要不同與多元的存在才可能各盡其職，完成目標。不同的植物與動物的成長週期，構築了宇宙天地，當然也包括人的生命。

每一個獨立的人，都是由獨一無二的細胞、基因、想法、感受、天賦與技能所組合而成。想要擁有成功的人生，就必須徹底認清、欣賞並隨著我們自己獨一無二的步伐，往前邁進。就算我們傾全力想要成爲別人——也許是某位你覺得比自己更好的人——但結局必定是失敗的。唯有當我們盡力成爲更好的自己時，才可能找到健康的自尊。

先試試看

1. 如果這世上只存在一種植物，可能會發生什麼狀況？

2. 如果這世上只存在一種動物，可能會發生什麼狀況？

3. 你經常暗自渴望成為誰？如果你每天都傾注全力，分秒都在努力讓自己成為這位目標人物，你覺得你最終會如願嗎？

4. 如果人人都身懷同樣的天賦與技能，這世界會如何？

5. 如果人人都做同樣的工作，情況會如何？

6. 如果人人都長得一模一樣，情況會如何？

進階練習

想像一個世界，在以下框框中畫一幅所有生態都長得一模一樣的場景，其中包括植物、動物、人類、昆蟲或任何你喜歡的生物。記得每一個物種的形狀和外觀都要長得一樣。

仔細端詳你的畫作，敘述一下你對這樣的世界有何想法與感受。

現在，在你所置身的真實世界中，畫一幅毫無多元性的畫。比方說，在你的真實生活中，你可能同時擁有兩隻寵物：一隻憂鬱靜默的拉布拉多犬和一隻總是精力充沛的㹴犬。那麼，你可以在你的畫作裡把這兩隻毛小孩畫得一模一樣。又譬如在你的真實生活中，你可能同時交了兩個超麻吉的好友：一個是陽光運動型朋友，想運動時找他一起準沒錯；而當你想找人一起看電影時，你肯定會去找另一位幽默風趣的朋友。那麼，你可以在你的畫作裡把這兩位好友畫得一模一樣。

仔細端詳你的畫作，敘述一下你對這樣的世界有何想法與感受。

給自己的肯定句

做自己，成功在望；

試圖成為別人，終究失敗。

第10課 感謝自己的身體

你的價值與你的身體，沒有任何關係。事實上，你的身體是個神奇的容器，使你可以安然活在美好的地球上。每個人都有一具身體，人人都該好好維繫，因為終有一天，每個人的身體都會漸漸老朽而無法使用。這是生命的常態，無一例外，也無人能倖免。

塔拉的經驗談

塔拉結束體操課回到家，感覺通體舒暢，開心極了。她今天在彈翻床這個項目得到最高分，而今早化學考試也取得好成績。她拿了一本時尚雜誌，好整以暇地準備在做功課前舒舒服服地躺著放鬆一會兒。但是才幾分鐘時間，她感覺自己原有的好心情都被破壞殆盡了。塔拉的眼睛盯著雜誌上一則泳裝廣告。照片裡模特兒的身材遠比她更苗條、更修長，而且她們的肌膚簡直完美無瑕。這些人看起來一派輕鬆、快樂無比，而且每個女人的身邊都有個風度翩翩的帥哥。她心想：「誰會管我在彈翻床或在學校的表現？反正我的外表永遠也不可能跟她們一樣出眾！」

隔天朝會上，有一位受邀的主講者在台上指出，現有的媒體圖片如何經過編輯和後製，才會印刷發行給社會大眾看。原來只要操作鍵盤，就可以讓圖片呈現驚人的特殊效果，雙眼變得又大又圓，大腿修得更瘦長，連膚色都被調得柔和許多。「有一點很重要，我們一定要知道，我們在廣告裡所看到的一切，不但與事實不符，更不是眞相。你看到的所有照片，幾乎都是經過後製、修改與處理過的。」主講者說。

這位主講者也提到，有人把生意腦筋動到身體上，因爲這裡藏著極大的商機。「每一年，數以千億的金錢都花在身體上，目的是想方設法讓我們相信，人生最重要的是身體看起來如何，因此，只要我們能讓自己看起來具備某種條件，就可確保我們這一生活得快樂無憂。如果我們對這樣的價值觀信以爲眞，就意味著我們會甘心掏錢出來，購買他們的美容與減重產品，然後推廣這類想法的企業便可不斷從中獲利。照片上那些美麗誘人的模特兒並不是『眞實的』，當我們發現自己永遠追趕不上她們時，便開始感到不甘心，然後不斷消費與購買。但其實我們是有選擇的。我們大可不必被那些企業操控！我們可以多想想自己，別忘了我們的內涵與特質，遠比身型、數字與尺寸更有價值。我們可以爲了這個每時每刻不斷爲我們效勞的美好身體，表達最深切的感謝。」

主講者繼續分享，我們常常不經意間就忘了自己身體眞正的目的：要去看、去聆聽、去呑嚥、去思想、去撫摸、去消化、去休息、去療癒、去品嘗、去充電，然後，更新重來，再啓程出發。「當我們把焦點都放在外表上，我們就會漸漸忘了這些最原初的生命奇蹟。」

主講者接著說道：「如果我們對這些似是而非的價值觀照單全收，那麼，我們也同時在拆毀我們的自尊，因爲我們誤以爲自己的價值與我們的外表息息相關。千萬不要誤以爲只要你再高一點、矮一點、瘦一點、肌肉多一點或少一點、皮膚光滑或白皙一點、黑一點、或是換一件衣服，你就會變得比較快樂。這一切都是不實的信念。」

聽完之後，塔拉開始回想，當她在進行體操運動時，她的身體是如何忠於她的動作與要求，而她的頭腦則在化學考試中聚精會神、全力以赴。塔拉明白了，也決定不再費神去厭惡自己的身體或長相，多麼不值啊！

先試試看

1. 在以下兩個框框內，一個貼上你小時候的照片，另一個貼上你現在的照片。
2. 按照自然法則，身體會慢慢改變。請列出一些你從兩組照片中看見的身體變化。有哪些改變影響了你作為人最本質的內在價值？

3. 以下詞彙描述了一些與你的身體相關的事。請在線條空白處，寫出各個身體器官的目的與功能。哪些身體器官是你最想對它表達感謝的，在上面打個星號。

______ 血管	______ 手肘	______ 腳骨
______ 肺部	______ 眼球	______ 手指
______ 心臟	______ 耳膜	______ 牙齒
______ 膝蓋骨	______ 皮膚	______ 鼻孔
______ 腳趾甲	______ 乳頭	______ 肚臍
______ 消化系統	______ 味蕾	______ 生殖器官

4. **以下這些人物將在未來的世代中不斷被研究與提起。這些對社會有貢獻的人當中，誰的成就與他們的外表息息相關，請圈出來。**

馬丁路德・金恩	弗洛倫斯・南丁格爾	居里夫人
亞伯拉罕・林肯	聖雄甘地	J・K・羅琳
威廉・莎士比亞	克里斯多福・哥倫布	湯瑪斯・愛迪生
阿爾伯特・愛因斯坦	納爾遜・曼德拉	凱撒大帝
德蕾莎修女	愛蓮娜・羅斯福	伽利略

5. **你最希望別人對你牢記不忘的特質是什麼？請敘述。（是你的外表嗎？是你對社會的某項貢獻嗎？是你對他人付出的愛或關懷嗎？你曾怎樣幫助比你不幸的人？是你卓越的事業成就嗎？或是其他事蹟？）**

進階練習

1. 接下來幾天，將你從媒體所接觸與聽到有關身體的廣告記錄下來。然後在你的文字敘述旁邊，按著廣告內容進行比對分析，若內容屬實，請把「T」圈起來；若內容是為了商業利益而誇大不實，則把「$」圈起來。

T $ ______

T $ ______

T $ ______

T $ ______

T $ ______

T $ ______

T $ ______

T $ ______

2. 說說看上述那些標示了金錢符號的廣告內容，如何影響你的自尊。

______

______

給自己的
肯定句

我拒絕讓商業利益來定義我的身體價值。

第11課 有關犯錯

每個人都不完美，包括你。所謂完美，本質上是不可能的，而你不過是凡夫俗子，犯錯在所難免。只要你活著的一天，就會持續不斷地犯錯。但犯錯與你這個人存在的價值，毫無關聯。

傑克的經驗談

當傑克聽到蜂鳴器響起時，眞恨不得體育館地上有個洞讓他鑽進去。他又錯過最後一擊，導致他的球隊輸了這場比賽。他的球隊代表了學校，也代表了他們這個城鎮啊！他垂頭喪氣地離開現場，走進更衣室，希望在被人發現之前，火速離開。

當球隊裡的其他成員陸續進來時，他們拍了拍傑克的肩膀，恭喜他剛剛不錯的表現。「別擔心，我們明年再來。」其中一個球員說道。但傑克仍可感受到隊友們難掩的失望。他厭惡自己讓團隊士氣低落。他提起運動包，不想沖澡或更衣，只想離開。

他聽到安德森教練叫他：「嘿，傑克，來聊聊吧。」教練伸出手臂一把摟著傑克的肩膀，把他帶往停車場的方向，然後兩人進了教練的車內。

「我眞的不想談。」傑克表達了他的意願：「我已經覺得夠糟了。」

「不談沒關係，那就聽吧。」教練說道。他告訴傑克，他能感同身受，因爲他自己也曾在大學時的一場關鍵決賽中，因爲失誤而覺得自己無顏再見球隊了。

「你？」傑克驚訝地問道。「可是，你是個了不起的球員，也是最棒的教練啊！」

「我們難免會把事情搞砸。出錯和失誤，本來就是人之常情。只要是人，誰不犯錯呢？你有沒有注意到電腦鍵盤上的刪除鍵？這刪除鍵可不是專爲特殊人物而設計的。每個人都需要這個刪除鍵，這是不可避免的，因爲每個人都會犯錯。

「你若選擇將每一個錯誤視爲人生中的常態，當成一個學習與成長的機會，你自然就能將這些錯誤轉變成正向和積極的事。就像我們再熟悉不過的故事，當愛迪生在成功發明電燈泡之前，他嘗試了九百次。有人問他如何面對自己的失敗，愛迪生回答說：『我沒有失敗啊！我剛剛才又找到了第八百九十九種做不成燈泡的方法。』」

先試試看

取一張紙，寫下身邊的人曾經犯下的過錯。可能是你弟弟在奔跑時跌了一跤；可能是你爸爸攪拌咖啡時灑了出來；也可能是你目睹的一場車禍。人所犯的錯，難以計數。你不妨計算一下，見證一百個錯誤需要花多少時間，包括你自己犯的錯哦！

進階練習

1. 想要改變對自己的觀感，先從改變思維開始。請列一張清單，寫下當你不小心犯錯時，最常出現的所有負面想法。

2. 現在，把這些負面想法用筆畫掉，重新寫下更新過的正向評論，這些訊息不但可以幫助你接納自己的不完美，也能提升你的自我觀感。

3. 想一個你最近因為犯錯而深感挫折的事。閉上雙眼，做幾次深呼吸，讓自己放輕鬆。現在，在頭腦裡重新浮現當時犯錯的自己，但這一次，你要以一種重整健康自尊的方式來回應自己的錯誤。想像你會以什麼不同的方式與說法來處理這件事。想像你寬容地對待自己，理性並冷靜的面對，那是建立健康自尊的重要元素。

給自己的肯定句

我的目標不是停止犯錯；
我的目標是把錯誤當成學習與成長的機會。

第12課 有關比較

健康的自尊絕不是取決於比較。無論其他人是功成名立或一事無成，自尊一直都在。當我們不再將獨一無二的自己與他人作比較時，健康的自尊自然逐日增長，而且益發茁壯。

每一次拿到成績單時，或許你都會感到悵然若失，因爲無論如何你就是遠遠不如身邊的手足。你可能也會想到那些樣樣都比你出色的朋友，他們的外形比你出眾、比你更有自信、更有錢、更交遊廣闊或更多才多藝。一比較之下，你對自己的觀感又更糟了。

也或許，你看到學校裡一些比較不擅交際的朋友，因而覺得自己廣受歡迎、人見人愛；或是看見朋友的考試成績低落而忍不住沾沾自喜，因爲比較起來，你考得好多了。你可能因爲一些條件比你差的人——譬如相貌較普通、居住的社區不同、有較多麻煩事纏身、或是各方面都乏善可陳——而覺得自己幸運許多。

和他人一較長短，會暫時提升或降低我們的自尊。但這些提升或降低，都與事實不符。因爲當我們將較勁的對象換成另一個人時，我們的感受也會隨之起伏與改變。如果我們的自尊經常隨著我們比較的對象而時高時低，那眞的是太不健康了。

先試試看

1. 在下面的欄位寫下條件不如你而令你沾沾自喜的三個人名。接著，按照你與這三個人比較之下的感受差異，把你的名字填在下方「自尊等級量表」的適當位置。

1. ____________________

2. ____________________

3. ____________________

自尊等級量表

0	1	2	3	4	5	6	7	8	9	10

感覺很差 ... 感覺良好

在下面的欄位寫下條件比你優異而令你相形見絀的三個人名。接著，按照你與這三個人比較之下的感受差異，把你的名字填在下方「自尊等級量表」的適當位置。

1. ____________________

2. ____________________

3. ____________________

自尊等級量表

0 1 2 3 4 5 6 7 8 9 10

感覺很差　　　　感覺良好

2. 如果你在前面兩個量表上記錄了不同程度的自尊等級，請說明原因。然後請解釋，為何這樣的互相比較無法建立真正健康的自尊。

進階練習

1. 請標示以下敘述，何為正確或錯誤：

____ 當我把自己跟他人作比較時，我的自我價值會隨之改變。

____ 當我把自己跟他人作比較時，我的價值感與自尊會隨之提升。

____ 當我把自己跟他人作比較時，我的價值感與自尊會隨之低落。

____ 當我把自己跟他人作比較時，我的自我意識會隨之改變。

____ 當我把自己跟他人作比較時，我的自我觀感會隨之改變。

____ 即便我把自己跟他人作比較，我的價值感與自尊仍維持不變。

____ 不管我對「健康自尊」或「不健康自尊」有何想法，我真正的自我價值始終不會改變。

試著過個「不與他人一較長短」的一天。只是，比較的心態還是難免滲入你的心思當中，然而你若有意識地覺察到它們的存在，就可以採取不同的方式來回應。你或許會想要刻意阻擋它、改變它，或是忽略不理，任由它存在。

2. **當你開始努力停止與人比較時，說說那是什麼樣的感覺。**

3. **如果你能做到完全不與他人較量，你會如何看待自己？你的自我觀感會是如何？**

給自己的肯定句

我的價值不會因為與他人比較而有任何改變。

第13課 有關批評

人們常喜歡互相評判，因為在評論他人的同時，也彷彿抬高了自己，但那種優越感是暫時的。對你評頭論足的人，往往自以為比你略勝一籌；而如果你把別人貶得一文不值，你也會以為自己比別人優秀。但那並非事實。

自我價值是一種真實的存在，從來不受任何外在的批評指教影響，它一直都能獨立存在。當我們擁有健康的自尊時，便能認知到，自尊就在那裡，我們根本不需藉由批評他人來突顯自己，或是讓別人的論斷來擾亂與困惑我們。

瑪姬的經驗談

瑪姬和幾位朋友站在她的置物櫃前。當寇芮經過她們身邊時，其中兩位女孩交換了眼神，其中一人難以置信地問道：「你看到了嗎？她怎麼會穿成那樣來學校啊？」

「她根本是瘋了！不然你還能期待什麼？」另一個人回答。

上科學課時，瑪姬不經意聽到有些同學針對特定的少數同學口不擇言地批評了一番。他們愛開別人的玩笑、粗暴地貼標籤、對他們根本不認識的對象極盡挑剔與批判之能事。

就在那晚的一場派對上，當瑪姬告訴好友薩克，她不會與他聯手欺騙他女友。薩克為此批評她自私，瑪姬憤而拂袖離去。當她回到家時，媽媽一眼便察覺女兒有些不對勁，於是向女兒探問事情原委。

「我一直聽到大家在互相批評、說別人的壞話，我眞的很厭煩！」瑪姬不解地說道：「為什麼我們要這麼做呢？我們老是把別人說得一文不值，那麼不客氣又不公平。」瑪姬把當天遇到的三個情境都告訴媽媽。

「很多人常透過貶低別人來讓自己覺得高人一等。」瑪姬媽媽說：「當我們批評別人的長相或生活習慣時，我們的內在開始自以爲是，慶幸自己沒別人那麼糟。也或許，我們有時候就是想把一些負面感受與不平衡的心態，發洩在別人身上。

「當你們班上的女同學用那樣的語氣來批評別人時，可能那會讓她們產生優越感。至於薩克，他或許因爲和女朋友鬧彆扭而感到無所適從，也或許他知道自己不該要求你一起矇騙女友而覺得愧疚，因此他得透過批評你來掩飾他內心眞正的感覺。所以有一點很重要，記得，不要將那些貶抑與批評放在心上。當一個人不假思索地出言評斷別人時，他的傲慢與偏見，恐怕比被他批評的對象更值得批判。」

先試試看

批評他人不會令我們感覺自己高人一等，也不會因此突顯我們的正確和對方的錯誤，更不會因此顯得我們比別人更尊貴、更重要。事實上，所有的批判和論斷，只不過讓我們感覺到暫時性（或虛假）的優越感。

1. 利用一天的時間，留意每一個你所聽見的批評與貶抑。試著找出這些言論，然後在每一個不同分類的項目下，至少寫下兩句你聽到的批判言辭。

家庭：

朋友：

舊識：

陌生人：

自己：

2. 這些批判言論真的符合事實嗎？

3. 想想看，這些人為什麼會做出以下的評論與判斷？可能的原因是什麼？

「她那麼的高傲自負，是因爲她一直都在資優班。她自己或許也覺得很無聊吧，因爲她一整天就只是不斷的在讀書。」

「住在那一區的人眞的太可怕了。還好我跟他們不同等級。」

「他眞的很帥，但那些靠近他的女生可能都只是利用他吧，因爲女生愛慕虛榮啊，希望別人看見她們和帥哥在一起。」

「你每天心情都這麼好嗎？看了眞煩！」

進階練習

1. 試著過「不批評別人」的一天。留意一下，當批評的念頭蠢蠢欲動時，嘗試以接納的想法來取代。寫下你所面對的兩個具體情境，敘述你如何切換想法並轉念的過程。

(1)

(2)

2. 說說看，放棄批評的感覺如何？

3. 回想你最近聽到一則對你不客氣的負面批評，敘述一下事件的始末和你的感受。

4. 你對自己說了些什麼？你的想法衍生出什麼樣的觀感？這些過程如何影響你的自尊？

給自己的肯定句

他人的批評不會改變我的自我價值。

第14課 最真實的自我

你最真實的自我，是還沒想過要在這幾方面做出任何改變的你，包括內在與外在——思想、感受、外表或行為。而後來，你以為自己應該要有所改變。最真實的自我，是尚未受外在期待或意見所影響的你。我們大多數人都失落了真實的自己，因為我們很努力去改頭換面，讓自己成為其他人、讓自己像某個目標。當我們的自尊越健康，我們便越能明白、越能相信與自在地表達我們的真我。

潔咪的經驗談

潔咪身邊的女同學們最近迷上了騎馬，她們每週去上兩堂馬術課，閒暇時間還自願到馬廄去當義工。潔咪對馬沒什麼太大的興趣，但她爲了得到同儕的認同，只能盡力掩飾自己的眞實感受，假裝和大夥兒一樣愛騎馬。她和大家一樣，生日時要求大家穿馬靴，放學後報名馬術課，幾乎把空下來的時間都花在馬廄當義工。

某日，當潔咪在梳理馬毛時，馬廄主人薇薇問她：「你看起來非常心不在焉。你在想什麼呢？」

「跑步啊！」潔咪回答：「今天開放報名跨州的跑步團隊。我很喜歡跑步，也很渴望成爲團隊的一員。」

「那你幹麼還待在這裡啊？」薇薇不解地問道。

「嗯，因爲我的朋友都在這裡啊，我喜歡和她們在一起。再說，喜歡騎馬也是一件很酷的事啊……」

「聽起來你之所以在這裡是因爲其他人喜歡這裡，而不是你眞正想要在這裡。」薇薇指出問題的癥結：「你的行爲舉止並不是發自你的初衷和眞實的自己。當你在跑步時，你感覺如何？當你在這裡時，你覺得怎麼樣？」

「當我在跑步時，我感覺好得不得了。」潔咪回答：「聽起來可能有點好笑，但我覺得跑步會讓我感到舒服自在，好像我與生俱來就是爲了要跑步。可是當我在這裡的時候，我覺得……自己好像不屬於這裡，那種感覺很像是進來走走看看的旁觀者。」

「那是因爲你並不投入。你只是來參觀朋友們的生活而已。」薇薇說道：「我建議你回到屬於自己的生活，去參加你喜歡的跑步隊伍。你要聆聽內在最眞實的自己，然後開始跑步！」

先試試看

1. 一般而言，大多數孩童與他們單純的真我之間，落差並不大。因為他們最真實的本質，尚未被其他外在的意見所左右與影響。回想並敘述一下，你小時候最喜歡做什麼事？誰是你最愛的玩伴？你最喜歡和誰在一起？

2. 列出你目前參加的一些活動。請以不同程度的級別（1最低、10最高）來標示「真實的你」有多喜歡或多不喜歡這些活動。在分數旁的欄位，說明你為何興趣缺缺卻仍持續參與的原因。

活動	分數	我為何繼續投入？

3. 以下命題中，哪些行動是發自你內心所想的作為，把「AS」(Authentic Self) 圈起來。哪些是基於其他理由而選擇的，把「OF」(Other Factors) 圈起來。在每一個「OF」的句子下方，寫下你勉為其難或被迫參加的理由，譬如：「是爸媽逼我的」、「我想跟大家一樣」、「和規定相牴觸」、「我們負擔不起我真正想要的」、「很炫很酷」等。

AS **OF** 我穿去上學的衣服 ____________

AS **OF** 我在校外穿的衣服 ____________

AS **OF** 我午餐的食物 ____________

AS **OF** 我週末做的事 ____________

AS **OF** 我的朋友 ____________

AS **OF** 我在暑假時做的事 ____________

AS **OF** 我閱讀的書 ____________

AS **OF** 我聽的音樂 ____________

AS **OF** 我的消費習慣 ____________

4. 如果你能發自內心依著真實的自我做選擇，形容一下你會以多麼不同的方式來面對上述情境。

進階練習

1. 你覺得以下哪些詞彙最能貼切形容你，請打勾。當你忠於最真實的自己時，你覺得以下哪些詞彙最能貼切形容你，請圈起來。（你可能會發現有些詞彙被打勾、也被圈起來，這表示它們同時符合兩種情境下的你。）請在線條空白處，寫下你自己想到的其他形容詞。

一無是處	孤單	大嗓門	有彈性
尖銳挑剔	快樂	寬容接納	積極主動

自信滿滿
窮困匱乏
平靜
不檢點
誠實
設想周到
悲傷
善良
辛勤工作
憤憤不平
好奇
困惑迷糊
熱愛運動
自私
懷有偏見

焦慮不安
笨手笨腳
自負
粗俗無禮
忙碌
人見人愛
乏味
親切
畏懼
創意十足
忠心耿耿
慷慨大方
一派悠閒
聰明
有自信

同情憐恤
文靜
殘酷
規規矩矩
懶惰
健談
勤奮好學
有智慧
勇敢
離群孤立
充滿矛盾
疲乏空虛
追求和睦
憂鬱
企圖心

無能爲力
不誠實
有責任感
可靠
喜樂洋溢
灰心喪志
敏感
外向
被動消極
不知所措
健康
僵化死板
______
______
______

2. 再詳細檢視一下，打勾與圈起來的形容詞之間，落差有多大？

3. 你從這些練習中，學到哪些與「真實自我」有關的功課？

給自己的肯定句

我可以發掘並發展我的真實自我。

第15課 家庭中的你

身為家庭中的一員，會影響你選擇以何種方式來思考、感受與行動。你在家庭中可能習慣扮演某個角色，你也可能按著家人的期待來生活。你可能對家中成員忤逆反抗或是百般取悅。無論你採取什麼樣的策略，有些決定或許出自你真實的自我，但有些則不然。

梅迪的父母一向水火不容，兩人衝突不斷。有時他們的爭執充滿了語言暴力、詛咒和威脅，吵完後，要麼其中一人、不然就是兩人一起氣急敗壞地奪門而出。父母之間的惡鬥嚇壞了梅迪。當她在家時，她得花很多時間費力幫助父母和平共處，但事與願違，她總是難以擺平。

婕琪的哥哥是赫赫有名的摔角明星，成績優異，人見人愛。在哥哥身旁，婕琪每每感覺自己像個魯蛇，樣樣不如哥哥，深感挫折的她開始在學校惹是生非。她並不是真心想去做那些不該做的事，但至少她可以因此獲得些許關注，這對長期活在「家有優秀哥哥」陰影下的她，感覺很不錯。

尼克的家庭經濟捉襟見肘。長久以來，媽媽一直爲家裡的生活所需辛苦張羅，他們也常因爲沒有按時繳房租而被房東趕走。媽媽得靠尼克週末打工的收入來支付家中的開銷。尼克放學後不但要幫忙照顧弟弟們，當媽媽工作晚下班時，他還得爲家人煮晚餐。尼克知道媽媽和弟弟們都得倚靠他的協助，才能支撐這個家，所以他一直盡心竭力，從未讓他們失望。

卡洛斯一直渴望要當老師。他熱愛教導小朋友學習新事物——從學騎腳踏車到數學，再到如何觀察劃過天際的流星。但是卡洛斯的父母都是律師，他們期待孩子將來也能進法學院就讀。爲了安撫與取悅父母，卡洛斯還是選修了政治學，但相較之下，他對放學後擔任家庭教師更加有興趣。

家庭環境與條件，以及家人的期待，往往形塑了我們的生活與人生，甚至爲我們量身訂製了特定角色。意思是，當我們與其他家庭成員維繫關係與互動時，經常得扮演各種不同的角色，像是「成功者」、「叛逆者」、「照顧者」、「小丑」或「代罪羔羊」等。即便我們越來越獨立自主，家庭的影響仍左右了我們的選擇、行爲、我們的人格特質與自尊。這些影響根深柢固，最終會造成兩種結果——做出忠於眞我的選擇，抑或使我們遠離初心、違背本意。

先試試看

在左方標示數字的線條空白處，請說明：(1)你覺得上述這幾位青少年，最可能受到哪方面的家庭環境所影響？(2)你覺得他們的家庭環境會促使他們扮演哪些不同的角色？你可以從101～102頁提供的角色清單中圈選出你的觀察，也可以自行補充。(3)你認為他們被形塑的這些角色，是否發自他們真實自我的初衷與本意？

梅迪：

1. ______

2. ______

3. ______

婕琪：

1. ______

2. ____

3. ____

尼克：

1. ____

2. ____

3. ____

卡洛斯：

1. ____

2. ____

3. ____

小丑　　智者　　評論家

訓育主任　　煽動者　　道德家

惡霸
照顧者
諮商輔導員
成功者
乖寶寶
總指揮官
乖乖牌
叛逆者
魯蛇（失敗者）
和事佬
中立派
法官
替死鬼
老闆
對抗者
英雄
僞善者
樂天派
學霸
硬漢
譴責者

進階練習

在框框中畫出你所有的家庭成員，包括你自己。然後加上他們的名字，以及你認爲他們在家中所扮演的角色。你可以參考上述提供的角色選項，或按照你自己的想法來說明他們各自扮演的角色。

1. 你對自己在家中所扮演的角色有何感受？請分享。

2. 請形容並敘述家人在以下各方面對你的期待：

思考

言談

感受

舉止

3. 當你的思想、言談舉止與感受都符合家人的期待時，你最真實的自我在哪裡？請在上方的敘述後面，以1（最低）到10（最強）的級數來標示你「真我」的存在。

4. 如果你的家人對你不抱任何期待，請問你會在上述哪個部分，以迥然不同的方式來回應？哪個部分會保留下來？

5. 你覺得你與家人的關係，如何影響你的自尊？

給自己的肯定句

回頭檢視我在家庭中所扮演的角色，我可以從中找到最真實的自我。

第16課 朋友中的你

你的朋友對你影響深遠，他們會影響你選擇如何思考、感受與行動。你在同儕中可能習慣扮演某個角色，你也可能按著他們的期待來生活。你或許想透過取悅朋友來獲得認同與接納，也或許你刻意標新立異來尋求自我認同。無論你採取什麼樣的策略，有些決定可能出自你真實的自我，但有些則不然。

瑪利亞的經驗談

瑪利亞最好的朋友是艾米和哈娜。她們打從幼稚園就認識，三人共度許多最美好的成長歲月——一起逛街或看電影，一起過夜或約會。當瑪利亞報名參加男女混合的排球隊之後，她認識了新朋友諾亞和艾蜜莉，開始跟她們越來越親密。瑪利亞是個排球好手，這幾個球隊好友經常爲她加油打氣。當她和這群球友在一起時，她總能全神貫注於運動的訓練上，這讓她越來越有自信，心想或許將來可以藉此獲得獎學金。

但這兩組截然不同的朋友圈，有時候也給她帶來一些困擾。當她與童年玩伴艾米和哈娜在一起時，瑪利亞會很在意自己的穿著打扮，話題也常繞著男生轉。當她和運動夥伴諾亞、艾蜜莉在一起時，就算隨意搭件運動衫或運動服也覺得很自在，她不僅把自己當成運動員，連吃東西都比較講究健康飲食。

這兩組朋友看似天差地遠，但瑪利亞都很享受與她們相處；只是，她漸漸感覺自己有些分裂。

「和哪一組朋友在一起會讓你覺得比較像眞實的你？」瑪利亞的姊姊問道。

「兩邊都有一些眞實的自己。和艾米、哈娜在一起時，眞的很有趣；但我也很喜歡跟諾亞、艾蜜莉一起專注在運動上。我在一個朋友圈中是派對玩咖，在另一個群體裡則是運動健將。」

「如果你的轉變是因爲你眞心喜歡兩組不同的情境與友情，那你就是忠於自己。」姊姊進一步解釋道：「但假如你轉換身分，只因擔心自己無法融入這兩組朋友圈中，你便是在玩雙面手法，這樣並不眞誠。我覺得你應該爲了自己，好好選擇。眞正的好朋友，無論如何都會在你身邊支持你。」

先試試看

在左頁表格第一欄中，列出一個或多個屬於你的朋友圈。為每一組不同的朋友圈命名，譬如「服務俱樂部」、「鄰舍好友」等。在第二欄中，寫下你認為自己在不同團體中所扮演的角色。你想到自己習於詮釋的角色嗎？用自己的詞彙或從以下提供的詞庫中選取，然後填入表格。在第三欄中，表明你在特定團體中的歸屬感與舒適程度，以1（最低）至5（最高）的評分來表示。在第四欄中，表明你在這些不同朋友圈中的自尊感是高度、中度或低度。

朋友圈	我的角色	我的舒適程度	自尊等級
			高度　中度　低度
			高度　中度　低度
			高度　中度　低度
			高度　中度　低度
			高度　中度　低度

派對咖　有勇無謀者　理性發言人　和平使者

浪漫主義者　愛開玩笑的人　煽動者　牽線人

聆聽者　諮商師　評論家　叛逆者

幕僚　策劃者　霸凌者　幽靈

領袖　支持者　受害者　演說家

進階練習

1. 舉個例子說明你的朋友如何影響你的想法。

2. 舉個例子說明你的朋友如何影響你的感受。

3. 舉個例子說明你的朋友如何影響你的行動。

4. 如果沒有朋友影響你，有沒有哪些事情你可能會以迥然不同的方式來處理或面對？請分享。

5. 以下圖的輕重等級為基礎，標示哪些朋友圈可以讓你在與他們相處時自在地做自己，哪些群體則會使你遠離真實的自我？

失去真我

保有真我

給自己的肯定句

我可以選擇從真實自我的角度去思考、感受與行動。

第17課 社會中的你

你所置身的社會會影響你選擇以何種方式來思考、感受與行動。你可能習慣扮演某個角色，好讓自己融入其中，成為群體的一分子；也或許你以某種標新立異的方式來突顯自己與社會間的格格不入。無論你採取什麼樣的策略，有些決定或許出自你真實的自我，但有些則不然。

婕斯敏對自己的一頭黑捲髮厭惡至極。必要時，她總會去把捲髮燙直，因爲雜誌上的模特兒都是這樣的髮型。有時候，她會想像自己和親戚們一起住在波多黎各，那該多好啊！因爲像她那樣的自然捲，在波多黎各不但是主流，甚至還是美麗的象徵。

馬庫斯是唯一報名參加「未來護理師養成社團」的男生。他身邊的男性友人偶爾會調侃他，叫他瑪斯護士。有時候，就連成年人也會誤以爲自己聽錯而再三確認：「你的意思是，你將來想要成爲醫生，不是護理師，對吧？」他也曾因此數次動念想退出，但他眞的很喜歡這個社團。馬庫斯心中很篤定，他直覺護理這份專業不但適合他，更是他正確的選擇。他對幫助病人充滿熱情，但卻不想承受醫學院的壓力。有時候，聽見別人將男護理師視爲不正常的職業，馬庫斯總要爲此而憤憤不平。

艾比在一個嚴守宗教條規的社區中成長，一舉一動都被高度檢視。雖然艾比贊同這個信仰的某些信條與價値觀，但卻不認同其他部分的規範。艾比最痛恨別人將她與社區的其他成員歸爲同類。儘管如此，她卻不敢大聲表達自己的想法與立場，於是，她開始以違背規範的方式來讓別人意識到她的與眾不同。

想要眞實地活出自己的身分，從某方面來說，你需要深入探索並發掘自己眞正的想法、理想、信念與價値觀，有能力、堅定且自信地忠於這些元素。而不管它們是否符合社會觀感與要求，只要是安全的，都算是健康的自尊。

先試試看

依照以下各個不同情境來回答問題：

婕斯敏：

婕斯敏受到何種社會價值的影響？

她對此有何感受？

她以何種方式來回應？

你覺得她的自尊在如此情境下會受到什麼樣的衝擊？

如果你是婕斯敏，你會怎麼做？

馬庫斯：

馬庫斯飽受何種社會價值的影響？

他對此有何感受？

他以何種方式來回應？

你覺得他的自尊在如此情境下會受到什麼樣的衝擊？

如果你是馬庫斯，你會怎麼做？

艾比：

艾比飽受何種社會價值的影響？

她對此有何感受？

她以何種方式來回應？

你覺得她的自尊在如此情境下會受到什麼樣的衝擊？

如果你是艾比，你會怎麼做？

______

進階練習

1. 你所承受的社會壓力，源自以下哪些媒介？請圈選。亦可在線條空白處自行增添。

收音機	雜誌	宗教領袖	______
電視機	報紙	教師	______
網路	現場發言人	學校員工	______
大型告示牌	政治人物	幫派成員	______

2. 接下來幾天，請特別留意你如何深受社會觀念與價值的影響，並將被牽制的軌跡記錄於表格中。譬如當你看到某個電視節目大讚和你一樣的少數族裔時，你或許發現自己的自尊感跟著大幅提升；而你或許也發現，當你接觸到某個「消除惡心雀斑」的廣告時，你的自尊感立即大受貶損。

日期／時間	事件	來源	自尊感（1～10分）

3. 如果你是個不會輕易被社會價值影響的人，你的想法、感受與行動將會有何不同？請按以下提問來敘述。

會帶來哪些正面的改變？

會帶來哪些負面的改變？

給自己的肯定句

我可以自主決定是否要讓社會價值來影響我。

第18課

對未來感到茫然很正常

如果你還不太了解自己的真實自我，對自己這一生想要完成的目標還不太清楚，甚至連明年要做什麼都不知道，大可不必為此擔心，這很正常，沒什麼大不了。許多青少年常被迫要早早釐清這些議題，然而要知道，想在當下掌握所有答案，是不可能的事。

克里斯蒂的經驗談

參加了早上的職涯聚會，一想起那些惱人的問題，克里斯蒂便感覺心力交瘁。職涯聚會中總是聚集各路英雄好漢，從速食餐飲領域到醫療體系，可謂高手雲集。克里斯蒂對自己的未來毫無頭緒，面對不同課程，她甚至不曉得該如何選修，更不知要何去何從。

「有時我連想跟誰一起吃午餐都不確定。」她跟輔導老師威廉先生說：「有時候我喜歡和我的舞蹈團員在一起，但有時又只想和沉默寡言的艾瑞爾並肩坐著，什麼話也不說。然後，有時又心血來潮想去讀餐飲學校，有時卻又想當會計人員。我到底是哪裡有問題啊？」

威廉先生安撫克里斯蒂，向她保證那是再正常不過的狀況，一點問題也沒有。「青春期本來就是個不斷嘗試與摸索的好時機——測試想法、探索興趣、努力經營不同的友情、尋找最適合與自己自在相處的人……」威廉先生說。

「萊希要成爲牙醫師，貝蒂想待在家裡帶六個孩子，而我，連自己想要參加樂團或合唱團都還不確定！」克里斯蒂說。

「現在很多小孩都有自己的想法，」威廉先生說道：「有些孩子會朝著特定目標前進，但有些則未必。我們接受越多知識與機會，自然會有更多的成長和改變，你們不會有人停止學習或停止成長。或許在這段過程中，偶爾會感覺有點困擾和挫折，或甚至開始擔心自己找不到方向。但我要你記住一件事，那就是：『不知道』是很正常的。你大可容許自己一步一步來，慢慢的去發掘自我。」

先試試看

1. 請試著回到你五歲的時候，努力回想當時的你，是否對自己與自己的未來有什麼了解或想法？請如實記錄你所能記得的內容。然後再循序漸進，繼續追溯隨著年齡的增長，你對自己的未來有何記憶？請一路記錄到你現在的年紀。

五歲時

＿＿歲時

＿＿歲時

＿＿歲時

＿＿歲時

＿＿歲時

2. 你對自我的了解，隨著年歲漸長有何改變？

3. 你對未來的夢想，隨著年歲漸長有何改變？

進階練習

1. 請寫出你對自己和你的未來有何想法，譬如「我是個外向的人」、「我想去上美容美髮科」或「我想從政」等。回答完之後，請為自己評分，1分代表「不太確定」，5分代表「非常確定」，以此表達你對這些想法的感受。

2. 請填寫以下聲明，容許自己「不知道」所有關乎自己與未來的事。

我，________，容許我自己________

____

____

____

日期：________

簽名：________

給自己的肯定句

不確定自己未來要做什麼，很正常。

第19課 探索自己的好惡

你可以透過檢視自己的愛憎與好惡，進一步認識真實的自我。你有屬於自己最獨特的偏好與厭惡組合，這世上很難找到另一個和你在這方面一模一樣的人。

亨寧女士的經驗談1

「今天我們要來探索自己的好惡，然後透過這方面的發現學習認識自己。」

奧利維亞的心理學老師亨寧女士說：「我們每一天都在做成千上萬個選擇，其中絕大部分都是由我們的偏好與厭惡來決定。而每一個選擇又決定了我們的行動，推動我們進一步往前行，也形塑了我們想要創造的生活。想想看，你每天都會做哪些選擇呢？」

「要穿紅色還是棕色T恤。」凱爾說。

「要吃貝果還是麥片。」魏洛說。

「要看電影還是去購物中心。」奧利維亞說。

「要跑步還是打壘球。」歐文說。

「我們的偏好有一部分是源自經驗。」亨寧女士指出：「一旦我們完成了一些事並打從心底喜歡那些事，我們很可能就會想重複去做。但有時候某些喜好純粹是生理因素，譬如有人偏愛綠色更甚於黃色，或喜歡辣椒醬更甚於醬油。我們的偏好，端看我們的大腦與身體細胞如何反應來決定。」

「我們怎麼說到辣椒醬和醬油了？」凱爾問道。

「好問題！」亨寧女士笑著說：「當我們對自己的喜歡與不喜歡越來越有覺知，將有助於強化自我建設。我們會更了解自己是誰、我們爲什麼會在這裡。」

先試試看

1. 仔細檢視以下每一組內容，哪一組對你最具吸引力？

走路	騎車
下廚	外食
書寫	講話
專注	作夢
書本	電視
居家	外出
飛機	火車
堅硬	柔軟
沐浴	沖澡
快速	緩慢
正式	休閒
肉食	蔬果

保存	丟棄
涼冷	溫熱
數字	字彙
白天	夜晚
沙漠	群山
付出	領受
搖滾	民歌
上學	上班
空中	地上
牛仔褲	運動服
甜味	鹹味
都市	鄉下

喜劇　悲劇

可樂　開水

獨處　群聚

涼鞋　球鞋

捲曲　直線

深色　淺色

組織　流動

春天　秋天

大地　海洋

投入　旁觀

娛樂　新聞

言說　聆聽

2. 在表格空白處記錄你的好惡：

	喜歡	討厭		喜歡	討厭
電影			喝酒		
美食			遊戲		
樂曲			作家		
色彩			電視節目		

	喜歡	討厭		喜歡	討厭
課程			嗜好		
演員			大都市		
運動			耽溺享樂		
動物			書籍		
音樂			月刊		

進階練習

1. 如果你可以選擇成為人類以外的任何動物，說說看你想成為什麼動物？為什麼？請深入思考其中的細節。你喜歡在空中飛翔、在水中悠游，還是奔跑或爬行？你比較想住在森林野地還是動物園？抑或你想被飼養在家中或農莊裡？

2. 如果你可以選擇成為任何食物，說說看你想成為什麼食物？為什麼？你希望自己呈現出什麼味道——辣、甜、或苦？你想被熱熱的吃，還是以冰涼的食物樣貌被端上桌？你希望自己是主食還是附餐？

3. 把上述你的「動物想像」與「食物想像」比對一下，兩者之間是否有些類似的特質？如果沒有，請分析兩者之間有何不同？

4. 你認為自己的哪些選擇，充分說明並表達了你的自我真實面貌？請敘述。

給自己的肯定句

探索我個人的好惡，可以幫助我更認識自己。

第20課 勇敢作夢

你可以透過發掘你的夢想、想法與目標，來認識真實的自我。不管是天馬行空的白日夢、入眠之後的夜夢、有具體目標的探索與偶然興起的一些想法，這些都是珍貴的線索，可指引你去發掘與探問：我到底是誰？我知道我要什麼嗎？

亨寧女士的經驗談2

「今天我們要來發現夢想。」亨寧女士說：「當我們爲自己的未來作白日夢時，我們通常想的是最理想、最有吸引力的情境或對象。你或許想像自己金榜題名、出席一場盛大的音樂會、和某個心愛的人約會、或是去度假。」

「我夢想在一個圍繞著棕櫚樹和沙灘的地方旅行。」魏洛說。

「有時我會夢想自己成爲獸醫，有時則想像自己成爲工程師。」奧利維亞說。

「我夢想有一天自己一個人住，沒有任何兄弟姊妹在身邊！」安德烈說。

「當你夢想未來時，這些畫面可以是非常清晰，也可能模糊不清或前後矛盾。」亨寧女士說道：「這些期待，通常與你成長的方式息息相關。當然，你如何觀察身邊的大人過他們的生活，也會影響你對未來的想望。你可能希望自己的未來比父母的人生更美好。你也可能想要延續家庭的傳統，或開創一個全新的局面。」

「我妹妹是唐氏症寶寶，我一直夢想有一天可以幫助像我妹妹這樣的小孩。」艾世麗說。

「我的夢想是成爲職業橄欖球員。我才不想像我爸那樣，成天坐在辦公室裡工作。」凱爾也發表自己的想法。

「當你去探索你對未來的夢想時，你可以從中更了解今天的自己。」亨寧女士總結道。

先試試看

爲了確認你的夢想，請回答以下問題：

1. 如果我可以許三個會美夢成真的心願，它們分別是：

(1)

(2)

(3)

2. 如果我中了樂透大獎，我最想花錢去買的前三樣東西是：

(1)

(2)

(3)

3. 如果我可以隨心所欲到世界各地旅遊，我最想去：

(1)

(2)

(3)

4. 如果我可以擁有任何的天賦或才能，我最希望擁有的是：

(1)

(2)

(3)

5. 如果可以，以下哪些選項是你很想改變的，請圈起來。

性別　宗教　種族

血統　出生地　家庭成員的組成

體能　社交能力　智能

進階練習

找個不受干擾的安靜地方，讓自己舒服地坐著，閉上雙眼。用幾分鐘時間，將注意力放在你的呼吸上，這有助於你平靜心思。你不需要改變呼吸的模式，只需全神貫注在呼吸上即可。留意你的呼吸，看看你的呼吸可以如何深入你的身體之內。然後讓自己在深呼吸之中找到放鬆的節奏，感受到內在的平靜安穩。

當你感覺沉靜且安全之後，容許你的心思意念往未來更進一步移動。想像現在是五年後的某日。想一想，就從今天算起，五年後的這天，你期待自己以什麼樣的身分與姿態出現在美好的這一日？假裝你可以毫無限制、隨心所欲地成為你理想中的自己。想像未來的畫面，從你早上起床那一刻開始。你環顧四周。你置身在什麼樣的環境裡？你看到什麼顏色？聽到什麼聲音？體會到什麼樣的感受？你起床後做的第一件事是什麼？接下來呢？你看到什麼？你和誰互動？如果你一整天都可以無拘無束、想做什麼就做什麼，你打算怎麼安排你一天的生活？你想要和誰在一起？你想去哪裡？請允許自己盡其所能地花時間去想像你一整天的生活與規劃，按著自己心中最期待的渴望去想像每一個細節。

當你結束這場充滿畫面的想像之旅後，請回答以下問題。

1. 當你在美好的那一天起床時，說說看你置身何處。

2. 列出你在那一天所做的事。

3. 如果當時有人陪伴在你身邊，請列出和你在一起的對象。

4. 描述一下你那一天的感受與體會。

5. 你在這理想的未來之日所做的安排與細節，透露出哪些你個人所重視和渴望追求的目標？

6. 你理想的未來之日，與你在前面「先試試看」的練習所記錄的答案，有多少雷同之處？

給自己的肯定句

我對未來的夢想，有助於體現真實的自我。

第21課 發掘你的信念

你可以藉由探索你的信念來認識真實的自己。你對世界、人生、是非對錯的信念，都將影響你如何思考、感受與行動。有一些信念確實反映了真實的你，但有些則不然。

亨寧女士的經驗談3

奧利維亞走進心理學教室，抬頭一看白板，有人在上面寫了這些句子：

這世界如何被創造？

合法的喝酒年齡應該設定在幾歲？

我們學校對服裝的要求是否合理？

少數族群應該享有哪些權利？

政府可以握有多少權力？

人死後是否有來生？

「我們對這些議題都有自己的一套信念。」亨寧女士開宗明義説道：「我們的信念系統可能深受我們的家庭、朋友、族群與宗教傳統所影響，包括成長過程中我們所學會的每一件事，都形塑了我們的信念。信念存在於一切不同的領域當中。這些信念可能很強烈或溫和，也可能理性或不理性。有些信念是無比堅定的，有些信念則保有可改變的彈性空間。有誰可以分享童年時所學到的一些信念嗎？」

「我的家庭對教育有很強烈的信念。」布萊恩説道：「從我們出生以來，我爸媽就不斷對我和我的兄弟們耳提面命，將來長大一定要讀大學。」

「我父母最常掛在嘴上的一句話是『正直誠實爲上策』。」魏洛說。

「我爸爸老是說『拜託政府別再找我們麻煩了』！」凱爾直言不諱地說。

奧利維亞則說：「我阿姨和我媽常轉述她們在教會分享的教義：『施比受更有福』。」

「這些都是很棒的例子。」亨寧女士說：「有時候我們因爲贊同這些從小耳濡目染的信念，而繼續實踐下去。有時候我們姑且持續相信，只因我們還在質疑到底這些信念適不適合我們。

「不過，無論你的信念是什麼，你理所當然有權堅守你的信念。這些信念可幫助你判斷和選擇自己想要開創的人生。當你去探索和理解自己的信念系統時，你將可以更全面地認識自己。」

先試試看

1. 列一張你從小到大耳濡目染的信念清單，不論這些信念來自你的家庭或朋友，或源於社會的影響。對於這些信念，你若同意，請在以下各題圈選上箭頭；若不認同，請圈選下箭頭。

↑ ↓ 1. ______________________

↑ ↓ 2. ______________________

↑ ↓ 3. ______________________

↑ ↓ 4. ______________________

↑ ↓ 5. ______________________

2. 請將你所不認同的信念重新改寫，將文字修改得更準確，以便能正確表達與反映你的個人信念。

(1) ______________________

(2) ______________________

(3) ____________________

(4) ____________________

(5) ____________________

3. 想想看，你耗費了多少時間來從事一些無從反映你真實自我的信念？以下哪一個百分比，最能正確說明你耗費在這些事情的時間？

10% 20% 30% 40% 50% 60% 70% 80% 90% 100%

進階練習

從以下眾多提問中，挑選五個問題來回應。請你按著你個人的信念，而非別人曾經教你如何回答的方式來作答。你的信念或許和你的朋友或家人如出一轍，也可能天差地別。也或許你對這些議題的信念不太確定，或沒有把握，沒關係，只要按著你個人的信念眞實回應就好。

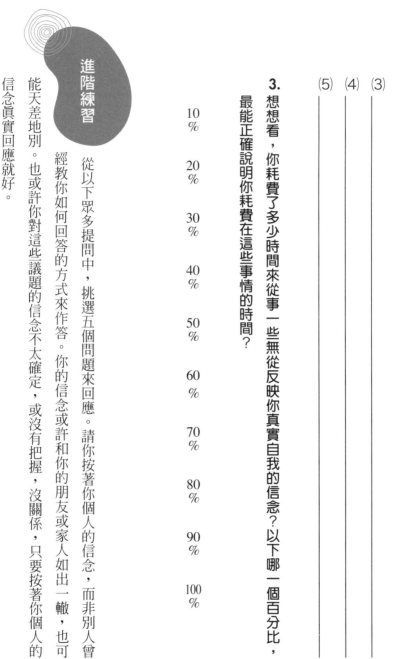

1. 哪些環境議題最重要？

2. 哪一種政治立場對你而言最合理：自由、中庸或保守？

3. 你對戰爭的信念為何？

4. 你認為應該要讓訴請離婚的程序更簡化還是更繁複？

5. 你所居住的區域或國家，合法飲酒的年齡是否應該改變？

6. 你所居住的區域或國家，合法考取駕照的年齡是否應該改變？

7. 穿校服有助於學生之間感覺更平等嗎？

8. 在什麼樣的處境與條件下，可以有性行為？

9. 可以打小孩的屁股嗎？

10. 上帝存在嗎？

11. 人死後會怎麼樣？

12. 人類的生命是如何被創造的？

13. 墮胎應該合法化嗎？

14. 人人都有權擁有自己的槍械嗎？

15. 死刑是否應該被廢除？

16. 非法移民應該擁有什麼樣的權利或福利？

17. 應該讓街頭毒品合法化嗎？

18. 同性伴侶是否應該享有合法結婚的權利？

給自己的肯定句

我的信念幫助我了解什麼對我最重要。

第22課 發現你的熱情

你可以探索哪些事物可以激發你的熱情，藉此認識真實的自我。你可能對某些觀念、物品、活動或人特別有感。熱情是一股發自你內在深處的感受，通常也是如實反映真實自我的一面鏡子。

亨寧女士的經驗談4

學期末最後一堂課，奧利維亞的老師宣布他們將針對「熱情」這個主題進行討論。班上有些同學開始大笑，有人說：「我以爲我們在健教課才會談這個議題呢！」

「你想的是對性愛的熱情吧！」亨寧女士回應道：「那其實只是熱情的其中一個例子罷了。任何深刻撼動你內心深處的情感，都可以說是一種熱情，可以是對某個觀念或興趣的投入，或是對某個對象所投注的熱切情懷。一般而言，我們的熱情會油然生出強烈的認同和承諾，那是一種超越理性思維的情感連結。我們可以透過身體、情感或心靈層次來感受我們的熱情。這些深刻的情感，比純粹喜歡與不喜歡的感覺還要強烈。有誰可以列舉幾個你們熱衷的事物，並且告訴大家，這些熱情如何影響你們？」

「動物權利。」歐文說：「我看過一些電影，也讀過一些有關工廠化農場如何殘酷對待動物的文章。很多動物從小就被關在很小的籠子裡，當這些動物不斷長大時，農場卻從未替牠們換大籠子，以致這些動物一輩子都沒有足夠的空間可以站起來。這些畫面太強烈了，所以影響我成爲素食主義者。」

「先不要笑我哦！」安德烈說：「我蒐集棒球，是個標準棒球迷！我已經集滿九顆有大聯盟簽名的棒球了，今年夏天我要繼續追我的第十個簽名棒球。所以，每一次當我發現我弟在玩我的任何一顆棒球時，眞的會讓我抓狂。那些棒球是我的寶貝欸！」

「跳舞！」艾世麗說：「我從幼稚園就開始學跳舞，從沒想過要停止。我非常喜歡自己在跳舞時的感覺。」

「我猜我感到熱情的對象是我男朋友吧！」奧利維亞說：「不只是渴望親近他，我就是很享受和他在一起。我們兩人都熱愛滑雪和看恐怖電影，我們都喜歡撒在披薩上的任何配料。他是個善良又誠實的人，而且常逗得我開懷大笑。我想他真的是我最好的朋友。」

「太好了！」亨寧女士回應大家道：「你們已經能分辨各種熱情，包括擁抱某種觀念、著迷的物品、對某些活動和具體對象的全心投入與熱愛。認清自己的熱情，可以提升對眞實自我的覺知。」

先試試看

1. 對於觀念、物品、活動、人或動物，以下哪些領域是你的熱情所在，請圈出來。

- **觀念**

政治　公民權益　宗教　藝術　教育

動物權利　離婚　自由　和平　健康

- **物品**

珠寶　衣服　書籍　運動器材　車子

金錢　電腦　手機　藝術品　音樂作品

- **活動**

學習　社交　運動　藝術　音樂　旅遊

志工　美食　睡覺　戶外活動　閱讀

- **人／動物**

我的父母　我的朋友　我的家族　天下所有人　病人

流浪漢　我的寵物　殘障人士　我的手足　我的男友或女友

2. 在框框中，以書寫或繪圖的方式，具體深入描述你個人的熱情。譬如，你可以寫下某人的姓名，或是你對體制內義務教育的要求觀感如何。你也可以畫出你最喜歡的嗜好。

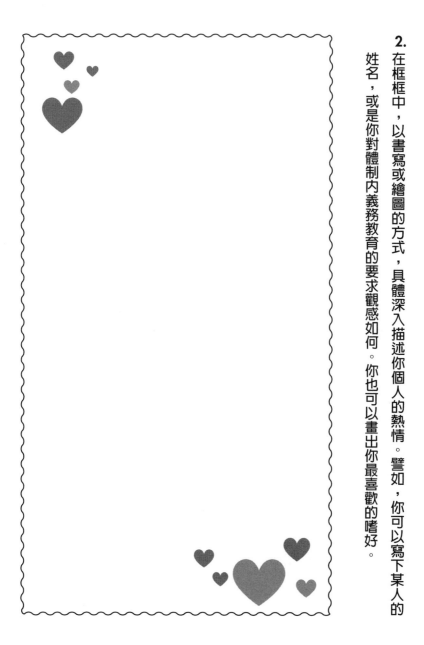

進階練習

花幾分鐘時間，讓自己安靜自在地坐下。閉上雙眼，放鬆身心。調整一下你的呼吸，讓自己平靜下來，然後開始思索你個人最大的興趣與熱情所在。那可能是你熱衷的觀念或想法、愛不釋手的物品，抑或忘我投入的活動或熱愛的某個人。把這些畫面視覺化，想像自己全心投入在這項熱情中。當你在自我觀照時，請留意你身體的反應。心中浮現什麼感覺？你在什麼樣的處境下浮現這些感覺？也許你注意到自己起了一陣雞皮疙瘩或暖意。也許你感到一股正面能量充滿身體的某部分或流竄全身。請繼續想像自己忘情地投入於你的熱情之中，持續享受這幅畫面在你心中所引發的各種感受。當你準備好之後，溫和地將你的注意力帶回你當下的時間與空間，然後睜開雙眼。

完成上述練習後，如果你的感受仍清晰而強烈，請花幾分鐘時間書寫這些發自你內心深處的熱情對你有何意義。

給自己的肯定句

我的熱情提醒我——我是誰。

第23課 同儕壓力如何解

當朋友試著說服你接受某個想法、感受、或努力遊說你以某種方式來行動時，那就是同儕壓力。順從這樣的要求，會讓人覺得好過些。不過，一個擁有健康自尊的人，不需要想辦法說服別人，或是對別人施壓。一個擁有健康自尊的人，也不需要對同儕壓力妥協或屈就。

薩曼莎的經驗談

當學校的一些同學聽說薩曼莎的爸媽週末不在家，便開始起鬨要求她趁大人外出時，開放家裡讓大夥兒辦場派對。薩曼莎的姊姊艾麗莎本該負責「看好」妹妹，但她的工作要求她在週末值夜班。

薩曼莎從來不曾「趁家人之危」而利用他們，她也不想冒險失去家人對她的信任。但身邊的同學都告訴她不用擔心，大夥兒打包票說她的父母絕不會發現的。

薩曼莎無所適從，不曉得該怎麼辦。有些從來不曾和她說話的「大人物」同學，也紛紛主動開口希望她邀請他們參加派對。消息一傳開，有些她根本不認識的人都來向她打探有關派對的事。瞬間吸引那麼多注意力，對薩曼莎而言簡直是受寵若驚，無比美好。

薩曼莎把這些事都告訴她最要好的兩位朋友潔西卡和安娜。潔西卡說：「不要讓別人對你爲所欲爲。做你眞正想做的事。」問題就在這裡——薩曼莎希望大家都喜歡她，她眞的很渴望得到所有同學的認同，但她也希望獲得父母的信任。而且每一個同學都告訴她，爸媽不會發現的。「所以，或許眞的沒關係吧！」薩曼莎自我安慰地想著。「無論如何，我都是你的朋友。」安娜說：「做你最想做的吧。」

先試試看

1. 你覺得薩曼莎應該怎麼做？為什麼？

2. 如果薩曼莎決定在家裡辦派對，誰會是她那一晚的朋友？

3. 如果薩曼莎決定不辦派對，誰會是她那一晚的朋友？

4. 如果薩曼莎決定在家裡辦派對，誰會在兩週後持續成為她的朋友？

5. 如果薩曼莎決定不辦派對，誰會在兩週後持續成為她的朋友？

6. 在這則故事中，你認為誰擁有健康的自尊？依據的理由是什麼？

進階練習

1. 以下哪些事，是你常在壓力下被要求去做的，請圈選出來。反之，也請你檢視以下有沒有哪些情境，是你對別人施壓、勉強他人去做的，請打勾。（你可能會發現有某些情境同時被圈選和打勾。）

- 聊八卦
- 特定的衣著打扮
- 抽菸
- 喜歡或討厭某種人

喝酒　　　　　　觀賞某種演出或電影
加入某個群體　　參加某個課程
吸毒　　　　　　剪某種特殊的髮型
偷竊　　　　　　聽特定的音樂
鍛鍊某種體型　　進行某種你不喜歡的性行爲
追隨某種宗教　　在身體某些部位紋身或穿洞
玩特定運動　　　進行某種你尚未準備好的性行爲

2. 選擇其中一個被圈選出來的情境，加以敘述。置身如此處境中，請評估你的自尊有多健康？

3. 選擇其中一個被打勾的情境，加以敘述。置身如此處境中，請評估你的自尊有多健康？

4. 來自同儕的壓力之所以成功牽制你，往往是因為你不曉得自己要什麼，或是你從不為自己發聲。請想像你曾親身經歷同儕的壓力而勉強自己去做一些事的情境。如果同樣的狀況再次發生，你會選擇以什麼樣的言語或文字來表達？以下提供一些例子作為參考。

「不，謝謝，那不適合我。」

「不，謝謝，這次我不參與了。」

「不，還是不要好了。」

「不，我不想要。」

「不，謝謝。」

「不，我不做那些事。」

「不，謝謝，那不是我的作風。」

「不，謝謝，我對這個沒興趣。」

給自己的肯定句

我有能力在同儕壓力下為自己挺身而出；我能夠決定自己要什麼，以及什麼才是對的。

第24課　宇宙天地間的你

當你掙扎著不知如何抉擇與面對人生的各種挑戰時，不妨試著從一個更宏觀的角度來看待。嘗試以超越個人特質與問題的方式去面對，再問問自己：「我想在宇宙天地間成為什麼樣的人？」藉此提問來幫助自己做出一個與真實自我一致的選擇。

在一個充滿挑戰的環境下，你可能不知所措，甚至很容易便陷入困惑、挫折或痛苦的深淵。面對眾多選擇而一籌莫展，於是你絞盡腦汁去預測各種不同抉擇背後的可能性。你也可能不斷猜測別人會因爲你的選擇而怎麼想、怎麼說。你可能會耗費許多時間去擔心自己最終是否會無比尷尬或沮喪。

我們很容易因爲不安的想法而讓自己坐困愁城，任由別人的反應來影響或左右我們的決定。如果我們常常因爲別人的想法而搖擺不定，那我們恐怕永遠也難有心靈平靜的一天。我們會舉棋不定，反覆無常，想方設法地去符合他人的期待。

其實，我們可以從更宏觀的角度來面對，讓自己擺脫難解的困窘狀況。與其在乎「別人會怎麼看我」，不如問自己：「我想在宇宙天地間成爲什麼樣的人？」這個提問將引導我們轉念到一個更寬廣的思維——我們是誰？我們想爲這世界貢獻些什麼？我們想成爲什麼樣的人？我們想爲什麼樣的價值與信念而活？我們要如何與他人連結？

問自己這些問題，有助於我們更明確地做出符合眞實自我、裡外一致的行爲與選擇。

先試試看

1. 你是否打從心底欣賞一些勇於活出自我的人？請將這些人列出來。這些對象可能是你的家人、朋友、公眾人物或歷史人物。在這些姓名下面寫下他們有哪些特質深深吸引你，因為那正是你一心想要建立與發展的人格特質。

2. **請回答以下問題：**

我想為什麼議題挺身而出？

我想為這世界貢獻些什麼？

當我死後被人提起時，我希望被別人記得的是什麼？

你若有改變世界的能力，說說看被你改變後的世界，有什麼不同的新面貌。

進階練習

想想看你想成爲什麼樣的人。說說看你若置身以下不同情境中，你會怎麼做。

1. 你和朋友們在購物商場裡，迎面走來一個不良於行的女生。你的其中一位朋友開始在一旁模仿女生走路的樣子，引來大夥兒一陣訕笑，紛紛跟著模仿。大夥兒要你也一起加入惡作劇的行列。此時，被模仿的女生回頭看你們，而你正巧瞥見她滿臉的痛苦與尷尬。

2. 你的好朋友向你借一件你最喜歡的襯衫，當他歸還時，你驚覺衣服正中間多了一塊大汙漬，而且確定是洗不掉了，這件衣服再也不能穿了。

3. 你的小弟老愛找你麻煩。你看到一些比他年長的孩子在公車站牌旁找他麻煩，還拉扯他的背包。

4. 你堂弟不懂課本教的內容，所以要你幫他做功課。他說服你，那不算是欺騙的行為，因為你們上不同的學校。

5. 自那一次和你的好朋友為了某些議題有過爭論之後，他就不再跟你說話了。其他的朋友都認為你沒有錯。

6. 想像你和某人在目前的情境中或是在其他場合裡爆發嚴重衝突，狀況很棘手。說說看你覺得最理想的處理方式是什麼。

給自己的肯定句

我想在宇宙天地間成為什麼樣的人，
就要選擇做出什麼樣的行動。

第25課 你的存在有著美好的理由

天地之間，你集結了獨一無二的才華、能力與天賦，因此，也唯有你能對這宇宙天地付出獨一無二的貢獻。當你明白這個觀念時，請好好發揮與探索，走在正確的道路上，幫助你在眾說紛紜或莫衷一是時，依然能勇敢活出真實的自己。

當你開始傾聽自己內在的眞實聲音時，你將對「最適合自己」的選擇有更清晰的想法，包括你人生中比較理想與正確的出路。

這些選擇可能是你每天所面對的繁瑣日常，例如，決定要打籃球還是排球、決定要當保姆還是在速食店工作，或是決定要和這一個團體還是那一個團體做朋友。你可能也需面對人生中攸關未來的重大決策，這個決定足以影響你的職業生涯，甚至左右你的人生抉擇。這世上找不到另一個你，所以，你和其他人的路未必一樣，也不必一樣。

不同的人有不一樣的人生目標。學會認識你個人獨特的目標，有助於建立你的價值與自信，同時也要堅定相信，你能為世界作出不一樣的貢獻。明白這個目標或是讓自己更靠近這個目標，可以在你迷惘或無助時，增強你的信念。你若能毫不質疑地認清自己是為了某個特殊理由而活著，那將賦予你力量，使你忠於自己的信念，不管別人怎麼說服你，你也不會輕易動搖，甚至會下定決心與他們保持距離。

重要提示：如果你所擁抱與堅信的人生目標可能誤導你走入非法、不道德或不合倫常的錯誤途徑，或是使你深陷困境，請務必三思，然後小心判斷，因為那極有可能是個偏差的想法。一個真實而健康的目標，通常不太可能會導致負面的結果。

先試試看

1. 偉大的藝術家、發明家、有智慧的人，總是樂於追隨他們被賦予的生命目標而獲得成功。你是否認識一些真實活出人生目標的人？請寫下這些人的姓名，並說明你推崇他們的理由。

2. 如果有機會的話，找這些朋友，請他們分享自己的經驗。你或許可以問問他們，他們何時開始找到自己的人生目標？這些想法如何漸漸轉變？或者問問他們，通常採取哪些步驟來追求目標？找出對話中對你有助益的重點，一一記錄下來。

進階練習

你可能對自己的人生目標早有規劃與想法，你也可能對自己的目標毫無頭緒，一籌莫展。無論何者都沒關係，只要你持續探索、全心接納最真實的自我，你終將找到屬於你的人生目標。

1. 在下列各種活動的線條空白處，按照你對這些活動的喜歡程度，以1分（最低）至10分（最高）來標示你是樂在其中或興趣缺缺。不要想太久，請單憑直覺來回應。

____ 與海豚共游　　____ 設計與規劃一座城市

____ 關懷他人　　____ 慷慨激昂地發表演說

____ 教導小孩　　____ 鼓舞他人

____ 從事戶外活動　　____ 從事電腦工作

____ 發揮腦力　　____ 舞動全身

____ 划船　　____ 陪小孩玩耍

____ 從事科技業工作　　____ 從事與數字相關的工作

____ 領導別人　　____ 寫書

____ 到世界各地旅遊　　____ 創業

____ 服務他人　　____ 運動

____ 持家　　____ 從事與動物相關的工作

____ 保養身體　　____ 改善周遭環境

2. 上述哪些活動被你標示超過5分？

3. 上述哪些活動被你標示5分或低於5分？

4. 你是否發現自己的評分傾向與一貫的模式？請敘述。

5. 請將你的天賦才華與能力列一張清單。

6. **把你的評分與你的天賦才華兩相對照，彼此之間有何關聯？**

7. **當你深陷自我懷疑的低谷或是被困在負面的瑣事中走不出來時，問問自己：**

我爲誰而待在這裡？

我爲何在這裡？

我今天的目標爲何？

給自己的
肯定句

我將自己獨一無二的人生目標謹記在心，
而我將因此活得真實且忠於自己。

第26課 態度的力量

你的態度——你的思維所創造的觀點——真的是你用來開創快樂人生最有力的工具。態度會影響你以何種方式來經歷每一件事，包括你如何看待自己。

莎拉和貝特妮的經驗談

那是夾雜著熱氣和濕氣的一天。莎拉和貝特妮剛跑完馬拉松。這場長跑，一跑就是好幾個小時。兩人都覺得熱爆了，口乾舌燥，汗流浹背，而且筋疲力竭。

當她們一跨越終點線，兩人同時看到眼前擺在桌上的玻璃杯，裡頭裝了半杯水。莎拉從正面思維與積極想法來看待這杯水：「太棒了！有水！這正是我最需要的！我該一口飲盡還是淋在頭上呢？」她咧嘴而笑，喜形於色。她既開心又感動，覺得自己太幸運了，頓時倍感輕鬆。

貝特妮則從負面思維與消極想法來看待這杯水：「喔，天啊，不會吧！只有半杯？我需要一百萬杯水啊！太慘了吧！」貝特妮頓感消沉，一臉愁容。她覺得難過、生氣、灰心失望。她受困於被騙和恐懼當中，無法釋懷。

這則小故事的啓發在於：

- 兩個女生都置身同樣的條件；
- 兩個女生都面對同樣的半杯水；
- 兩個女生的心路歷程與體會迥然相異，天差地遠。

這意味著：

- 她們的經驗與體會並非由環境而生，而她們迥異的態度，都源自她們的思維與想法。莎拉的積極態度衍生出正面思維，進而引發正面感受，最終，她經歷了正面經驗。反觀貝特妮，她的消極態度衍生出負面思維，進而引發負面感受，最終，她經歷了負面經驗。

- 我們的思維和想法，確實源於我們的態度，而這些態度則引導我們的感受，進而累積我們面對不同情境的經驗。

先試試看

針對以下不同情境，從中辨識出可能發自個人思維與想法的感受，把它寫下來。接著勾選這感受屬於「負面經驗」或「正面經驗」。

儘管雪拉已經很用功了，卻在數學考試中得到C的低分成績。

思維與想法	感受	負面經驗	正面經驗
我就是那麼笨！我永遠也別想進大學了！			
這個老師太不公平了！			
上一次考試我連及格都沒有，至少這次我有進步了。			

查理的弟弟有學習障礙的問題，爲了幫助弟弟面對功課，爸媽花在陪伴弟弟的時間遠超過給查理的時間。

思維與想法	感受	負面經驗	正面經驗
我很開心至少爸媽還有時間來看我的壘球比賽。			
我弟真是個討厭鬼！			
他們偏愛小弟，比較輕忽我。			

凱拉和羅比在走廊擦肩而過時，凱拉向羅比打招呼，但羅比沒有回應。

思維與想法	感受	負面經驗	正面經驗
他好跩！真是傲慢！			
他大概以為我是個白癡吧！			
他可能在跟卡爾說話，所以沒聽到我跟他打招呼。			

進階練習

1. 約略敘述一下你正面臨的其中一個掙扎情境。

2. 寫下可能創造負面感受的兩種思維，然後讓它成為負面經驗。

3. 寫下可能創造正面感受的兩種思維，然後讓它成為正面經驗。

4. 你若對自己抱持負面態度、心懷負面思維，你會如何看待自己？

5. 你若對自己抱持正面態度、心懷正面思維，你會如何看待自己？

6. 誰可以決定你對自己的看法？

7. 誰可以掌控你的自尊？

給自己的肯定句

當我選擇積極的態度與正面的思維時，我也同時為自己開創正面的經驗。

第27課 面對、處理和釋放感受

感受沒有好或壞之分。感受可能讓你傷痕累累或使你受惠無窮，端視你怎麼面對它。只要你有覺知地面對自己的感受，你便能學會以健康的方式來處理它們。

雷凱莎的經驗談

雷凱莎顯得坐立難安。她緊張又忐忑，根本無法專心上健教課。健教老師艾斯波利關心地詢問她的狀況。雷凱莎默不作聲，泫然欲泣。她覺得很尷尬，於是將目光移開。

「你到底怎麼了？」艾斯波利老師把她帶到辦公室問她。

「我不想講。」雷凱莎回答。

「你如果不釋放自己的感受，坦白說出來，這些感受會像滾雪球般不斷累積。」艾斯波利說。

「嗯，我不想變成那樣。」雷凱莎說罷，便向老師娓娓道來。原來雷凱莎的媽媽住院了，爸爸每晚都要到醫院探視，使得她不得不扛起照顧妹妹們的責任。另一方面，雷凱莎也對媽媽的身體狀況憂心忡忡，心力交瘁的她根本無法專心學習，也無力保持功課進度。

「對你來說，最困難的是哪一個部分？」艾斯波利老師問道。

「我很擔心我媽的身體不會好轉。」雷凱莎回答：「每一次當我感覺到心中這份恐懼時，就會忍不住嚎啕大哭，停不下來。」

「當我們害怕某種感覺時，我們會抗拒，會想把這些感受推開。」艾斯波利老師解釋：「但這些感受並不會主動消失，它們只是被壓抑而暫時隱藏起來。當那些感受再度浮現時，會比之前更加強烈。讓我們一起想一想，找個方法來處理這些感受，好嗎？」

艾斯波利老師將以下的講義交給雷凱莎，陪她一起閱讀。

處理感受四部曲

1. 陳述這份感受：那是什麼感覺？悲傷、憤怒、欣喜、悲憫、失望、尷尬、厭惡、羞恥、愛？
2. 接受這份感受：我們需要提醒自己，去感覺我們的感受是一件正常且無害的事。你可以輕聲告訴自己，或者大聲宣告：「沒關係，我可以好好體會──感受。」
3. 表達這份感受：表達是釋放感受的唯一方式。以不傷害自己或任何人爲前提的傾訴與表達，無比重要。可以讓你安全傾訴與表達感受的途徑包括：書寫、言說、肢體行動、放鬆休息一下、哭一哭、唱唱歌或畫畫等。
4. 以健康的方式照顧自己：你現在需要什麼樣的自我關照？一個擁抱、睡個覺、洗個澡、散個步、一個朋友、一場派對、一份關注或憐憫？你當下需要什麼，就努力去滿足自己。

「我以前從來沒想過要去處理自己的感受。」雷凱莎說。「沒關係啊！」艾斯波利老師說道：「這是你可以學習的功課，就像你小時候學習算術、聽寫、練習綁鞋帶一樣。處理感受是我們必須學習的其中一項重要技能。它會直接影響我們人生中每一個層面的成功與快樂。當我們對處理自己的感受充滿自信時，我們的自尊也會更健康。」

先試試看

為了讓你熟悉自己的感受，請把以下表格複製多份，足夠讓你使用一整個星期。接著，請你每天都專心留意自己的感受。將你的自我觀察記錄下來。利用以下所列出的詞彙來幫助你辨識心中的感受，或在空白線條處自由填寫任何形容詞。記得，任何感受都沒問題，只是當你表達出來時，切記不要傷人傷己。

被遺棄 罪惡感 驚喜 激怒 悲傷 震顫

滿足感 興奮 失望 嫉妒 害怕 羞恥

愛戀 快樂 勇敢 平和 被背叛 寬慰

壓力 尷尬 焦慮 憂心 挫折 放鬆

震驚 困惑 孤單 生氣 疑懼 沮喪

日期	我的感受	我的身體有何反應	我如何表達感受
上午			
下午			
晚上			

進階練習

1. 當你有覺知地掌控或做些事情來為自己的感受尋找出路時，你便已經開始主導這些感受了。請嘗試以下建議，看看哪一項或所有建議對你的「感受管理」有效。你可以在空白線條處自由填寫自己的想法。給自己足夠的時間，從容完成辨識你的感受之後：

______ 大聲說出你的感受：「我現在感覺好多了！」

______ 用一段話或更多文字來記錄你的感受。

______ 向你信任的人描述你的感受。

______ 以文字以外的方式，將你的感受表達在紙上，譬如顏色、線條、觸感或表格。

______ 讓你的感受引導你，如果想哭，那就盡情大哭吧。

______ 寫一封信給你心中有感受的對象。只寫，不寄。

______ 取一張紙，寫下或畫出你的感受，然後把這張紙丟進碎紙機。

______ 取一張紙，寫下或畫出你的感受，然後將這張紙裱框。

______ 取一張紙，寫下或畫出你的感受，然後將這張紙撕碎。

______ 取一張紙，寫下或畫出你的感受，然後將這張紙揉成一團丟掉。

＿＿ 在衛生紙上寫下或畫出你的感受，然後將衛生紙丟進馬桶沖掉。

＿＿ 做一些安全的身體運動，譬如走路、游泳或伸展拉筋，藉此舒緩與釋放感受能量。

＿＿ 將心中的感受高聲唱出來。

＿＿ 透過樂器，將感覺抒發於指尖，彈奏出來。

＿＿ ＿＿＿＿＿＿＿＿

＿＿ ＿＿＿＿＿＿＿＿

2. 當你嘗試了上述每一項活動之後，請在每一項的上方空格處打分數，藉此評估這些活動對你是否有效。請以分數來標示，從1分到10分，1分代表無效，10分代表非常有效。

給自己的肯定句

我所有的感受都沒問題；我會找到健康的方式來面對和處理它們。

第28課　包容內心的不安

你若將不安視為負面感受，便會想要避開它，因而錯過不安將帶給你的潛在好處。但如果你將不安視為正面的亮光，你便能超越它，並且善用這股力量，發展成建立自我覺知和內在力量的工具，進而達成你的目標。

四位青少年的經驗談

梅根感覺渾身不舒服，坐立難安，因爲現場每一個人都盛裝打扮來參加東尼的派對，唯獨她穿著率性的破洞剪裁牛仔褲。她試著想從後門溜走，但又不是眞心想這麼做，因爲她早在幾個星期前便已引頸期盼要參加這場派對。梅根對於自己的不安，其實了然於心。她知道自己害怕被群體排擠，也擔心自己成爲被取笑的對象。當下，她決定調整心態，相信自己的穿著並不是最重要的。如果她的朋友是眞正的好朋友，就不會在乎她穿什麼。現場有幾個年輕人以無傷大雅的方式取笑她，她也不避諱和對方一起自我解嘲而大笑。直到深夜時分，她終於證明自己的想法是對的——她的幾位好朋友根本不介意她的穿著是否合宜。她覺得自己選擇包容內心的不安，是一件對的事。

麥特在足球選拔賽中倍感不安，因爲其他選手看起來都比他優秀。他臨時改變主意，放棄選拔賽，搭了最末班公車回家。他回到房間後，想要靜下心來做功課，但大腦卻怎麼也平靜不下來，他不斷想著自己當初有多期待加入那個足球隊，而且接下來如果有人問他到底怎麼了，他一定會尷尬到爆，無言以對。麥特覺得自己的自尊大受打擊。

自從與邵納交往之後，薇琪覺得自己很難全然相信邵納，她常覺察到自己內心深處的不安，這或許起因於她曾被朋友背叛過，因此她常告訴自己，再也不要和任何人走得太近。但邵納的個性太好了，他們兩人擁有許多相同的特質，相處起來總是樂趣無窮。薇琪一方面不想再繼續和邵納約會，好讓自己心中的不安可以隨即解除、消逝，她也可以重拾安全感；但另一方面她又想要容忍那股不安，暗自希望邵納不會背叛她。她充滿掙扎和困惑，不知該如何是好。

大衛成了電台抽獎節目的幸運兒——第十三位打電話進去的聽眾，獲得一張免費的音樂會門票。當他去領取門票時，發現自己可以再領取第二張免費門票，只要他肯再花一個小時排隊。大衛想要第二張免費門票，這麼一來他就可以多帶一個朋友去聽音樂會，但一想到要跟著一群不認識的人大排長龍一小時，他便覺得無聊和不舒服。他猶豫不決，不曉得自己該排隊還是轉身走開。

先試試看

1. 如果你置身梅根的處境，以下哪一個等級，最能適切表達你不安的程度，請圈起來。然後談談若你站在梅根的立場，你會怎麼做？

非常低　低度　中等　高度　非常高

2. 如果你置身麥特的處境，以下哪一個等級，最能適切表達你不安的程度，請圈起來。然後談談若你站在他的立場，你會怎麼做？

非常低　低度　中等　高度　非常高

3. 如果你置身薇琪的處境，以下哪一個等級，最能適切表達你不安的程度，請圈起來。然後談談，如果薇琪願意忍受心中預期會被邵納傷害的不安，她將從中得到什麼？

非常低　低度　中等　高度　非常高

4. **如果你置身大衛的處境，以下哪一個等級，最能適切表達你不安的程度，請圈起來。然後談談，如果大衛願意容忍排隊帶給他的不安，他將從中得到什麼？**

非常低　低度　中等　高度　非常高

進階練習

1. **請在下列每一個敘述的線條空白處，填上1分（最低）至10分（最高）的分數，標示你在特定情境下感覺不安的強弱程度。然後說說你從「容忍不安」當中有何收穫。**

——你正在做舉重練習，以強化肌耐力，但做到一半便感覺意興闌珊而想放棄。

容忍持續練習的不安，對你有何助益：

——你正在照顧鄰居的小孩，孩子的父母臨時打電話給你，問你是否可以把照顧時間再延長兩小時。他們願意支付高額的時薪，而你剛好也需要這些錢，但你已準備好要離開了，而且迫不及待想去和朋友們見面。

容忍留下來的不安，對你有何助益：

——這段時間以來，你和交往對象相處得很開心，充滿樂趣而且十分美好。但他忽然建議你一起觀賞一部你無法忍受的電視節目。

容忍觀看節目的不安，對你有何助益：

——週五晚上，你獨自在家，感覺寂寞又孤單。有幾個青少年打電話給你，要你陪他們做一些聽起來很好玩的事，但你知道自己可能會因此惹禍上身。

容忍孤獨，對你有何助益：

看著爸媽又一言不合吵了起來，你覺得心煩難過。你其實曾經想過要逃離現場，如今看來，離開是今晚唯一的出路了。

容忍繼續待在家裡的不安，對你有何助益：

______

爲了畢業，你得重修某科不及格的科目。你眞的很討厭這一科，跟授課老師也處得不太好。

容忍重修的不安，對你有何助益：

______

2. 以下哪些情境中的不安和焦慮是你曾經容忍下來，而事後卻發現令你受益匪淺，請圈起來。然後寫下你個人的際遇，分享你曾在這方面經歷過的故事。

學習走路　　看牙醫

比你預期的更早起床　　完成無聊的工作

- 和初次見面的人談話
- 爲考試而埋頭苦讀
- 尋求幫助
- 注射預防針
- 承認自己做錯事
- 幫助有急迫需要的人
- 嘗試全新的活動
- 面對某種恐懼

我的故事：

請分享你目前的生活中，正面對的某個必須決定是否容忍不安的情境。說說看你若容忍了這份不安，從中可以有何受惠與成長。

給自己的
肯定句

我可以容忍不安，並且從中受惠。

第29課　為自己負責

當你總是抱怨別人或對外在際遇怨天尤人，無異於削弱自己的能量，使你陷入消極負面的情緒當中，感到無力又無助。為自己的人生承擔責任，意味著你全權掌控自己的想法、感受與行動。這麼做，力量會回到你身上，使你的真實自我重新得力。

康諾的經驗談

喬丹先生是康諾的英文老師，他要求康諾下課後留下來。康諾向來是班上的作文高手，英文總是取得A的好成績，但最近他有好幾篇作業都遲交，在班上的參與度近乎零，而即便他終於出現，也總是心不在焉。喬丹先生很關心康諾，擔心他是否出了什麼狀況。

「問題眞的很多。」康諾說道：「我組不成籃球隊，因爲教練對技巧太挑剔。然後我媽竟然跟一個我不認識的男人再婚。這些人毀了我的人生，我實在很氣他們。現在可好了，連我的成績都被他們毀了。」

「這些問題一定很棘手。」喬丹先生同理他的感受，然後說道：「我可以想像你的沮喪和憤怒，我不會怪你。但聽起來，我覺得你把自己不快樂以及與成功無望的因素，都歸咎於別人了。」

「那本來就是他們的錯啊！」康諾辯解道：「如果籃球教練可以稍微講理些，我就組得成球隊了。如果我媽不做那些愚蠢的事，我就可以更專注在我的課業上了。」

「當我們對自己的人生際遇心生不滿時，」喬丹先生指出：「怪罪他人或許是比較容易的方式，因爲如此一來，我們就可以不必努力做出任何改變。但是，抱怨會讓我們淪爲無能爲力的受害者。這些消極的態度也不利於發展健康的自尊，因爲在我們的內心深處，我們清楚知道，讓自己快樂是自己的責任，和別人一點關係都沒有。」

「但是教練和媽媽都不會改變他們的心意，而他們的決定和行動對我的影響眞的很大。我對他們一點辦法都沒有，我實在無能爲力！」康諾滿是無奈地說。

「那就重新奪回你的能力啊！」喬丹先生回應道：「問問教練，明年你是不是可以用不同的方式籌組球隊，然後你要力求進步，讓他看到你的努力。至於媽媽的再婚，你可以試著和媽媽溝通，讓她知道你的感受，然後下定決心，不讓她的選擇影響你的快樂。學會全權爲自己的行動和感受負責。怨天尤人只會帶來更多負面情緒與無力感。爲自己負責，意味著讓自己活出眞實的自我與潛力。」

先試試看

格雷琴在學校抽菸被抓，遭到勒令停學的處分。她怪罪哥哥給她菸，才會這樣。

格雷琴要如何重獲力量？

史考特的歷史成績不及格，他責怪老師沒有爲大家準備考前複習重點。

史考特要如何重獲力量？

佩琪連續三天都晚歸，超過父母訂下「不得晚於十點」的宵禁時間才回家。她抱怨父母規定的宵禁時間太早了。

佩琪要如何重獲力量？

喬對伊森守不住祕密的行爲非常抓狂。伊森責怪喬，誰叫他要第一時間就把祕密告訴他。

喬要如何重獲力量？

蘿拉的自尊心很低落，她覺得這一切都要怪父母，因爲他們太愛批評和挑剔了。

蘿拉要如何重獲力量？

進階練習

1. 以下哪些情境會讓你抱怨並怪罪他人，請打勾。

- □ 踩到自己的腳趾。
- □ 書掉到地上。
- □ 在走廊或穿堂跌倒。
- □ 考試或報告成績出爐，結果分數很低。
- □ 打翻飲料。
- □ 和手足爭吵而惹禍上身。
- □ 感到很憤怒。
- □ 不小心撞到別人。
- □ 忘了做家事。
- □ 鬧鐘響了還起不來，因此睡過頭。
- □ 在比賽中接不到球。

- □ 忘了做功課。
- □ 把作業搞丟了。
- □ 臥室一團亂。
- □ 不小心砸破窗戶、燈或其他家具。
- □ 上學遲到了。
- □ 使用手機超過時間限制。

2. 以下哪些是你的責任，請圈選。並在線條空白處填寫你想到的其他責任。

我的感受	我的行動	我的自我觀感
我的工作	我的信念	我如何對待他人
我如何對待自己	我的雜務	我的學校課業

__________ __________ __________

3. 在以下地點，最常被你抱怨應該為你的不快樂負責的是誰，寫下他們的姓名。

家裡：

學校：

和朋友們在一起時：

4. 你可能已經發現那些不健康的自尊源自何處。你需要的是釐清與理解，而非抱怨。一旦你明白了，接下來要如何修復，便是你的功課了。請敘述你可以怎麼做，以便承擔起建立健康自尊的重責大任。

5. 你需要改變哪些想法？

6. 你需要改變哪些行為模式？

7. 取一張紙，寫一封信給某位你曾抱怨過的對象。告訴那個人，你正在一點一滴重獲力量。你可以自行決定是否要把這封信寄出去。

給自己的肯定句

透過為自己的行為負責，我因此保有力量。

第30課 跟隨內在的聲音

發掘與聆聽你的直覺或內在聲音，可以引導你找到真實的自我，領你走在正確的道路上。當你學會信任你的真實自我時，你便可更深入地認識自己，也會知道該如何跟隨你真正的道路。

有時，我們會發自內心生起一股強烈而深刻的感覺，知道哪種選擇對自己是正確的。或許我們一心想要爲人師表，抑或對醫學或登山興致高昂。也或許我們深受某些特殊運動或興趣的吸引而心生嚮往。當我們開始進一步思索時，我們可能不是很了解自己何以熱衷於此；我們只知道內心有股強烈的渴望，驅使我們去做，而當我們投入其中時，那種感覺無比美好。

有時，我們會發自內心做出一個強烈而深刻的決定。不知爲何，我們就是對某個決定很篤定，而對另一個決定不以爲然。我們也可能對即將發生的某件事有一種強烈的預感。我們可能「預感到瑪利亞很快會打電話來」，或「預感到自己將會重遊此地」。

這種強烈而深刻的感覺，稱爲直覺。直覺所傳遞的訊息，不僅身體感受得到，連我們的心思意念也感應得到。有時，這些訊息似乎不太合乎邏輯；有時，我們對這些直覺不以爲意，事後回想時才發現自己不該忽略而懊悔莫及——我爲什麼不聽從我的直覺呢？

留意直覺傳遞給我們的訊息，可以幫助我們找到眞實的自我。而當我們與眞實的自我安然相處時，才可能幫助我們建立與維繫健康的自尊。

先試試看

請不假思索，發揮你最本能的感受或直覺，圈選出你的答案。

1. 哪一個顏色最吸引你？

紅色　橘色　黃色　藍色　綠色　紫色　褐色　黑色　白色

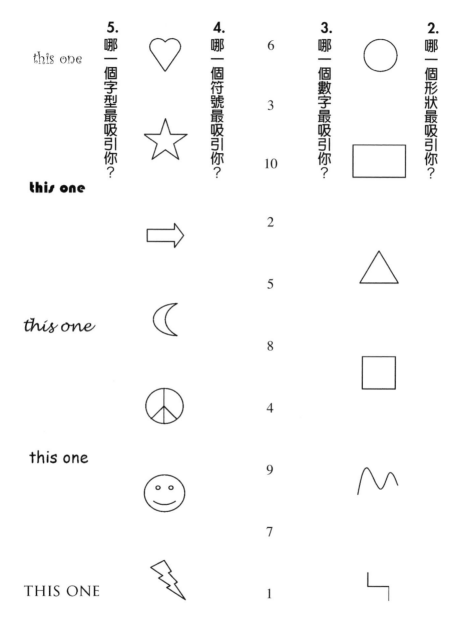

2. 哪一個形狀最吸引你？

3. 哪一個數字最吸引你？

6

3

10

2

5

8

4

9

7

1

4. 哪一個符號最吸引你？

5. 哪一個字型最吸引你？

this one

this one

this one

this one

THIS ONE

6. 有沒有一些人，說不出為什麼就是和你特別投緣，請寫下他們的名字。

7. 有些人就是很確定知道自己將來要當建築師或為人父母，很明確了解自己要環遊世界或主修藝術。你呢？說說你對未來有哪些明確的想法。

8. 描述一下你的身體曾在某些時刻「感受」到的答案，可能是胸口一陣緊縮或是心跳加速。

9. 描述一下你曾在某些時刻「感受」到自己被某種事物或某個人深深吸引，你們之間彷彿有塊磁鐵將彼此的距離不斷拉近。

10. 請分享生活中的某些時刻，你曾注意到你的直覺在對你說話。

進階練習

1. 接下來幾天，全神貫注去留意你的任何預感，並且記錄下來。這些預感未必合乎邏輯與常理，它們是一些想法或感覺，是讓你去感受的，而不是一種理性的認知。比方說，「我感覺快要下雨了」，或是「我感覺我們會贏，雖然對手看起來比我們強」。

重要提示：如果你的直覺要你去做一些非法、不道德、不合倫理或一些會陷你於不義或麻煩的事，請務必三思。那極有可能是偏差的想法，因爲眞正的直覺不會誤導你走向負面的結果。

第一天的預感：＿＿＿＿＿＿＿＿＿＿＿＿＿＿＿＿

＿＿＿＿＿＿＿＿＿＿＿＿＿＿＿＿＿＿＿＿＿＿＿

第二天的預感：＿＿＿＿＿＿＿＿＿＿＿＿＿＿＿＿

＿＿＿＿＿＿＿＿＿＿＿＿＿＿＿＿＿＿＿＿＿＿＿

第三天的預感：＿＿＿＿＿＿＿＿＿＿＿＿＿＿＿＿

＿＿＿＿＿＿＿＿＿＿＿＿＿＿＿＿＿＿＿＿＿＿＿

2. 為了加速理解與留意聆聽你的內在聲音，請嘗試以下練習。完成練習後，請分享你對每一項活動的體會。

調整一個舒適的位置，安靜地坐下來。準備幾張空白紙張或電腦。讓自己思緒清明，然後以「我記得……」爲開場白來展開你的書寫。允許任何念頭出現，並跟隨這些想法走。請你不假思索、不作批判，無所顧忌地寫。不必在乎標點符號或過去學過的寫作形式是否正確，這些都不重要。只管讓位給你的直覺，讓它來主導你想要表達的所有內容。只要你感覺舒適自在，就繼續寫下去。

調整一個舒適的位置，閉上雙眼，安靜地坐下來。做幾個讓身心放鬆的深呼吸。當你的心思開始浮現一些畫面時，請留意觀察。任由你的想像力引導你去向任何地方。你留意到有什麼東西浮現在眼前嗎？

白天的任何時候，暫停手上的活動片刻，調整一下身心，讓自己安住當下。感受你的心跳與呼吸。留意身體的肌肉，提醒它們放鬆下來。閉上雙眼，感受一下一股提升與激勵你的能量。當你往內自我省察時，除了聆聽，其他什麼事都不要做。此時，請專注於任何你所接收到內在訊息。

留意你如何對身邊的人與環境做出回應。當你發現自己開始鑽牛角尖時，試著放下偏執，敞開你的心。擁抱任何來自直覺的答案與行動，而非老是讓理性的答案與行動占據你的頭腦。檢視一下這些直覺如何影響你。

當你越來越覺得安全與健康時，請選擇那些能帶給你喜樂的事。喜樂的感覺要比快樂更深刻與全面。一般而言，感受真正的喜樂其實是個訊號，意味著我們正順著自己的直覺走，而且忠於我們的眞實自我。

給自己的
肯定句

我的直覺是來自真實自我的訊息。

第31課 感恩你所擁有的

心懷感激，是一種表達感恩與珍惜的態度。當我們建立心懷感激的態度時，便會讓自己專注於生命的美好事物中，並為此找到慶祝的理由。感恩的心會提升我們感應快樂與平靜的程度，不僅對自己好，對周遭環境亦然。

特洛伊的經驗談

特洛伊感覺自己似乎卡住了，逃不出周而復始的枯燥生活。他討厭一早起床就要聽爸媽嘮叨他去做該做的事。他討厭一整堂課都得乖乖坐在位子上聽課，面對無聊透頂的老師，讓人厭煩至極。他也痛恨放學後還要去打工，把貨品上架，還要對陌生客人表達友善親切的服務態度。他討厭一整個晚上都得待在房間裡假裝認眞做功課，天曉得他根本不在乎自己的課業。只有和女友凱莉在一起的時候，才能讓特洛伊一掃陰霾，開心快樂些。但最近，就連凱莉也無法讓特洛伊擺脫壞心情。

「我已經受夠了！」凱莉對特洛伊說：「你開口閉口都是負面的事。我不想再聽你講厭煩的爸媽、厭煩的課程、厭煩的工作。你的人生並沒那麼糟啊，特洛伊。你一點都不感恩自己所擁有的一切，我甚至覺得你連我也不珍惜了。我想也許我們不該再花那麼多時間在一起了。」

「等一下，」特洛伊說道：「我爲自己的低潮向你道歉。我只是找不到讓自己快樂起來的理由。我眞的不想失去你，但我又不曉得該如何改變我的生活。」

「你不需要改變你的生活，」凱莉回應道：「你需要改變的是你的態度。以感謝來取代抱怨，去關注美好的事物。感恩你的父母健在，不然你就要淪爲孤兒了。感恩你身體健康，還能如常去學校。要知道，在某個地方的某家醫院，肯定有個生病的孩子願意付上任何代價來換取你所謂無聊的課。感恩你有一份工作，這些收入能讓你有錢加油、有錢購物、有錢看電影。」

「你說得對。」特洛伊說道：「聽了你這一番話，我忽然明白我有很多值得感謝的事。我希望自己可以保有那樣的心態。」

「你只需要把你的注意力放在生活中美好的光明面上，」凱莉繼續說道：「如此，你就會感覺比過去更快樂，而你也會成爲一個更好相處的人。」

先試試看

1. 看看特洛伊，然後想想自己。我們也常不自覺地將許多恩澤視為理所當然而忘了心存感激。我們忘了自己能擁有這一切是何等幸運。世上有多少人從未擁有以下這些東西。想想看，如果你少了以下所列的任何一項東西，你將如何生活？請圈選出你特別感恩的事物。

視覺能力　　居住的地方　　冰箱裡的食物

朋友　　聽覺能力　　安然睡覺的床
說話的能力　　言論自由　　味覺能力
家人　　閱讀能力　　受教育
正常的頭腦　　愛人的能力　　自主呼吸的能力

2. 完成以下句子：

我爲以下的事心存感激：＿＿＿＿＿＿＿＿＿＿

＿＿＿＿＿＿＿＿＿＿

我覺得自己很幸運，因爲：＿＿＿＿＿＿＿＿＿＿

＿＿＿＿＿＿＿＿＿＿

我特別想爲這件事表達感謝：＿＿＿＿＿＿＿＿＿＿

＿＿＿＿＿＿＿＿＿＿

我永遠都要不斷為此而感謝，那就是：

______

______

3. 試著找出你內在值得感謝的美好特質。請在以下身、心、靈層面上，分別寫下你覺得值得感謝自己的三件事。

身：

1. ______
2. ______
3. ______

心：

1. ______
2. ______
3. ______

靈：

1.

2.

3.

進階練習

接下來一週，請留心關注生活中的美好事物。每晚就寢前，請寫下你當天最想感謝的五件事。內容不拘，可以如「我能平安起床」到「我贏了大隊接力」，甚至可以為「今天晴空萬里」而感謝。睡著時也繼續努力想更多值得感恩的事。

第一天：

1.

2.

3.

4.
5.

第二天：

1.
2.
3.
4.
5.

第三天：

1.
2.
3.
4.

5.

第四天：

1.

2.

3.

4.

5.

第五天：

1.

2.

3.

4.

5.

第六天：

1.

2.

3.

4.

5.

第七天：

1.

2.

3.

4.

5.

一週將盡，記錄一下這七天練習專注於生活中的美好事物，對你有哪些影響與助益。

給自己的肯定句

我要將注意力放在生活中的美好事物上。

第32課 不吝憐憫和關切自己

> 慈悲意味著深層的憐憫或關切。有能力對所有人類保有慈悲心，包括對自己，是建立健康自尊的基石。

我們來到這世上，總有一天要面對死亡。我們都想功成名就，也想快樂度日。我們都渴望對自己滿意，也想感受到被愛。我們都很努力想要以最平安、最少痛苦的方式活在這世上。我們每一個人都以自己所擁有的一切，竭盡所能，全力以赴。

回歸到最原初的層級，人之所以爲人，源自共同的基本元素——身、心、靈。這是我們共有的人生經歷與公平的場域。沒有人比別人多一些或少一些，大家都一樣。如果我們能認清人與人之間共享的特質、基本的生命驅動力、本能與直覺，那麼，這份共識便是培養慈悲心的沃土。

當我們對自己充滿安全感時，慈悲心便會逐漸提升。當我們不再受他人的威脅時，我們便能對別人產生慈悲心。當我們如實接納自己的本性、自己的優勢與缺陷時，我們便能對自己心存悲憫。無論外在環境與條件如何，只要我們還能愛自己、接納自己，我們便能感受到對自己的憐憫。擁有對全人類的慈悲心，有助於我們建立健康的自尊。

先試試看

1. 請以1（最低）至10（最高）的不同等級，記錄你對以下不同情境的關切或表達同情的程度。然後再記錄你所體驗到的感受。你可以從以下所提供的形容詞中選擇最適切的感受，或是用你自己的詞彙來表達。

痛苦　悲傷　無助　憤怒

(1) 面對失去雙親的朋友

關切／同情：＿＿＿＿　感受：＿＿＿＿＿＿＿＿

(2) 看到一隻在雨中跛行街頭的小狗

關切／同情：＿＿＿＿＿＿ 感受：＿＿＿＿＿＿＿＿＿＿＿＿＿＿＿＿

(3) 在報導颶風的新聞中，看見家園遭毀、一無所有的災民

關切／同情：＿＿＿＿＿＿ 感受：＿＿＿＿＿＿＿＿＿＿＿＿＿＿＿＿

(4) 面對罹患絕症的孩子

關切／同情：＿＿＿＿＿＿ 感受：＿＿＿＿＿＿＿＿＿＿＿＿＿＿＿＿

(5) 面對逐漸老去的祖父母

關切／同情：＿＿＿＿＿＿ 感受：＿＿＿＿＿＿＿＿＿＿＿＿＿＿＿＿

(6) 看著弟妹被爸媽嚴厲懲罰

關切／同情：＿＿＿＿＿＿ 感受：＿＿＿＿＿＿＿＿＿＿＿＿＿＿＿＿

(7) 遇到一隻雙眼全盲的小貓

關切／同情：＿＿＿＿＿＿ 感受：＿＿＿＿＿＿＿＿＿＿＿＿

(8) 看見淪落街頭的流浪漢

關切／同情：＿＿＿＿＿＿ 感受：＿＿＿＿＿＿＿＿＿＿＿＿

(9) 有人站在高速公路旁，因爲車子拋錨了

關切／同情：＿＿＿＿＿＿ 感受：＿＿＿＿＿＿＿＿＿＿＿＿

(10) 得知牧場上的動物遭受暴力虐待

關切／同情：＿＿＿＿＿＿ 感受：＿＿＿＿＿＿＿＿＿＿＿＿

2. 你通常會用什麼樣的話語來表達你的慈悲心？請勾選你最可能使用的表達方式。

□「發生這樣的事，我感到很遺憾。」 □「你會沒事的。」

□「我怎麼幫你比較好？」　□「我會幫助你度過難關。」

□「你還好嗎？」　□「我很關心你。」

□「請讓我知道我可以幫什麼忙。」　□「一切會越來越好。」

□「我想幫助你。」　□其他：＿＿＿＿＿＿

3. 哪些是你最自然且擅於表達慈悲心的行為，請圈選：

聆聽　付出關注　經濟上的支持

擁抱　付出時間　其他：＿＿＿＿＿＿

給予能量　情感上的支持

4. 從第1題當中挑選兩種處境，分享你會如何以悲憫的方式來對待身處此情境中的人或動物。

第＿＿＿題

我會這麼說：＿＿＿＿＿＿

我會這麼做：______

第____題

我會這麼說：______

我會這麼做：______

進階練習

1. 你對同情與憐憫自己有什麼樣的想法與感受？

______

______

2. 或許你不擅於同情自己，但你若曉得如何對他人表達慈悲心，那麼你自然就會懂得如何同情並體諒自己。仔細思索上述那些充滿同情體恤的話語和行動，請敘述你可以如何在以下這些不同處境中，表達對自己的同情與憐恤。

有人拒絕你的邀約。

你在一場口頭報告中忘記要說什麼了。

你沒有被球隊錄取。

你感覺孤單。

當老師請你回答問題時，你答錯了。

你今天實在有夠倒楣。

3. 想一個你最近經歷過的掙扎。取一張紙，寫一封充滿同情和體恤的信給自己。請使用那些你會對好朋友說的話和感受來表達你對自己的憐憫。

給自己的肯定句

對自己表達慈悲和憐憫，
是擁有健康自尊的具體表現。

第33課

對可能性保持開放

你的想法可能會限制你的人生。你若可以在每一個當下、環境與人身上看見無限的可能性，你便擁有成長與改變的能力，而且可以心想事成。

喬許的經驗談

喬許和叔叔布萊恩在釣魚。兩人談起了家族事業的話題，喬許抱怨爸爸期待他將來投入家族企業，成爲其中的一分子，但他對此絲毫不感興趣。此外，無論是學校的課程、課餘的工作或他所參加的籃球隊，喬許幾乎無一滿意，充滿抱怨。他感覺自己似乎被生活所困，令他常冒出想要逃離的念頭。

布萊恩叔叔建議喬許做些調整與改變。

「那根本不可能啊！」喬許說道：「身爲家中長子，爸爸期待我加入家族企業。爲了考大學，我不得不勉強自己去上那些無聊的課，否則我還寧願去讀警察學校。我必須在速食店打工，因爲我的實務經驗太不足了。還有，我也不能退出籃球隊啊，因爲我從小學就開始打籃球了。」

「聽起來你的生活充滿了一堆『必須』和『不能』的無奈，」布萊恩叔叔說道：「而且你好像習慣從比較偏狹的角度來看待你的人生。那未免太自我設限了。」

「我不太明白你這句話的意思。」喬許好奇地問道：「我要如何轉換一種眼光和角度來面對這些事呢？」

「事實上，你並沒有被綁手綁腳，相反的，你有很多不同的選項和可能性。」布萊恩叔叔說道：「試著去和爸爸談談，向他表達你眞正想要的未來是什麼。另外，重新調整你的課程，開始爲你的警察訓練做好準備。至於工作，你大可換份新的工作，看看生活會不會有些突破。改選一項新的運動，或是在這段轉變期間讓自己休息一下。」

「但我總覺得自己被卡住，」喬許說：「永遠都不可能改變了。」

「其實，卡關的只是你的想法而已。」布萊恩叔叔回應道：「事實上，每一個當下都提供了無限的可能性。你看，我們今天決定出門釣魚，但這件事隨時都可以改變。我們可以馬上決定不釣了，收拾東西回家；或是現在就躺在防波堤邊，小睡片刻。我也可以一把將你推下水，再跟著你跳下去，然後兩人一起游泳去。

「或許你會感覺自己被你的家庭、你的經驗或你的人格特質捆綁得動彈不得，但事實上，你只不過是被你的想法和念頭牽制而已。如果你相信自己是有選擇的，那麼，你就會看見那背後有好多的可能性。當我們對無限的可能性敞開心房，我們便能自我拓展與成長，最後還能從眼前無數個不同的途徑中，精挑細選一番。」

先試試看

1. 列出你每一天會做的十件事。寫完每一件事情之後，再寫下你可以做的另一個可能性。那未必是你真的會去做的事，但可藉此練習讓你對全新的可能性保持開放。譬如若你通常習慣從右邊起床，你可以練習試著從床尾下床。如果你常以「嗨」來打招呼，你可以練習改說「嘿」或「哈囉」。練習讓你的心思從不同的角度來思考。

常規行動

1. ______
2. ______
3. ______
4. ______
5. ______
6. ______
7. ______
8. ______
9. ______
10. ______

另類選擇

1. ______
2. ______
3. ______
4. ______
5. ______
6. ______
7. ______
8. ______
9. ______
10. ______

2. **圈選以下一個或一個以上令你感覺受困的想法。你也可以在「其他」這個欄位，自行寫下你的想法。然後保持心思開放，寫下你可以選擇的另一種迴然不同的想法。**

「我是個失敗者。」＿＿＿＿＿＿＿＿＿＿

「我沒辦法改變什麼。」＿＿＿＿＿＿＿＿＿＿

「我很糟糕。」＿＿＿＿＿＿＿＿＿＿

「我很愚蠢。」＿＿＿＿＿＿＿＿＿＿

「我老是成事不足、敗事有餘。」＿＿＿＿＿＿＿＿＿＿

「我永遠都那麼乏善可陳、一無是處。」＿＿＿＿＿＿＿＿＿＿

其他：＿＿＿＿＿＿＿＿＿＿

進階練習

1. **保持心思開放，就像一扇敞開的門。門開得越大，視野就越寬闊，看到的景象也越多。現在，請站在你的房門前，將房門打開二點五公分的寬度，小得剛好足夠讓你瞥見一點空間。你在這片空間裡看見了什麼，請列出來。**

2. 把房門打開到十五公分的寬度。數數看，你看到了哪些東西？

3. 把房門打開到一公尺的寬度。數數看，你看到了哪些東西？

4. 列出你感覺被侷限與受困的情境清單。

5. 從你的清單中挑出其中一項，試著從「受困」的角度來敘述，也就是以二點五公分的「心思寬度」來敘述。

6. 將你心思的大門打開到十五公分的寬度。你看見了新的可能性嗎？請敘述。

7. 將你心思的大門打開到一公尺的寬度。你看見了新的可能性嗎？請敘述。

8. 如果可能性無限延伸，你明天將會做出什麼不同於今天的行動？

9. 下週呢？

10. 明年呢？

11. 如果可能性無限延伸，你會選擇以什麼樣的角度來看待自己？

給自己的肯定句

我可以從每一時刻的無限可能性中，好好選擇。

第34課 將想法化為具體行動

在我們做任何事情之前，想法總是先於一切。一旦我們認清思想的力量，我們便能善用這些想法來建立我們想要的生活。

我們所做過或曾經想做的事，都始於一個念頭和想法。如果你現在正在看一部電影，那是因爲你先有了「想看」的念頭。如果你正在穿衣，那是因爲你先有了「想換上那件衣服」的想法。如果你正和某人交往，那是因爲你先有了「想找那個人說話」的念頭。

一般而言，我們一開始總是先有欲求的想法（我想要吃披薩），緊接著才冒出我們的意圖（我要動手烤披薩），最後才是付諸行動（把披薩從冰箱取出，放進烤箱）。有時候，我們有欲求的想法，也有意圖與規劃的步驟，但卻因爲沒有採取進一步的行動——屁股離開沙發，起身去烤披薩——以致讓目標徒然落空了。

你可能覺得自己無以爲繼。你可能覺得了無希望，或不相信自己可以完成心中渴望的目標。你可能感覺自己的人生實在很糟糕，而且你一籌莫展，完全使不上力。你可能以爲自己無力改變你的自尊，因爲它已經不健康很久了。

我們無力掌控生活中的許多事，這是千眞萬確的事實。人生多麼無常與難測，死亡、離婚、被背叛、被拒絕、被傷害……，我們得面對突如其來、束手無策的狀況，或甚至足以將我們擊潰的災難——那些始料未及、沒有人期待發生的事。

然而，不管發生了什麼難以駕馭、超出掌控的事件，我們總能找到可以施力的地方。我們可以隨著心中的欲求，再深入內在的意圖，最後付諸行動。我們可以選擇走向達標的意圖與行動。

先試試看

1. 這條思想的路徑，詮釋了我們從想法到結果所含括的每一個步伐。這段路徑從一份欲求的想法開始：真希望我可以滑雪。接著，心中冒出了一份意圖與計畫：我想我應該報名滑雪課程。然後進一步採取一個或更多個行動：備好一份簽了名的同意書，報名上課。最後的結果是：滑雪下陡坡。

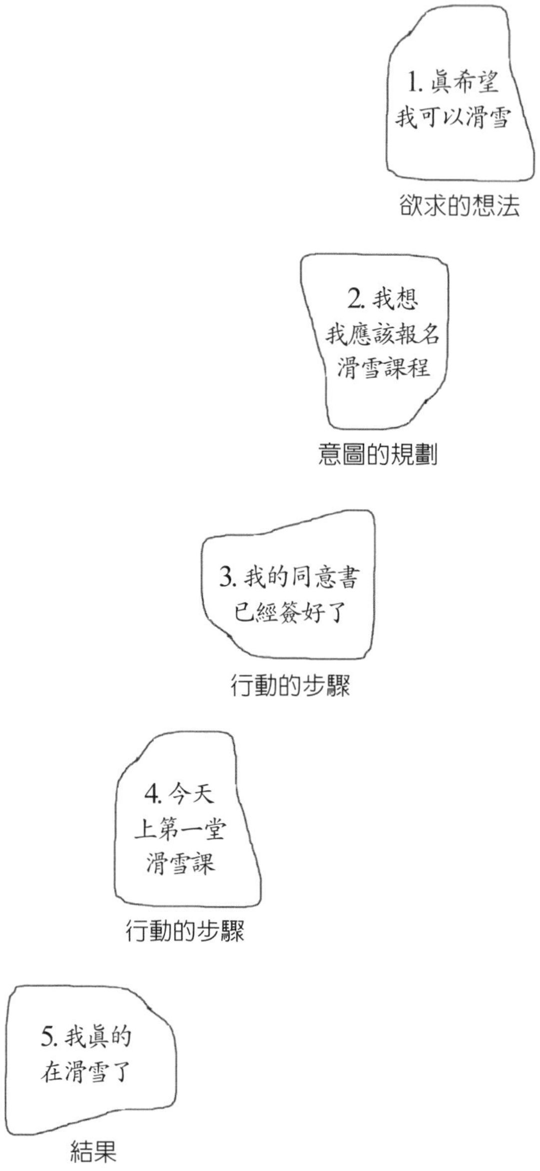

1. 眞希望我可以滑雪
欲求的想法
2. 我想我應該報名滑雪課程
意圖的規劃
3. 我的同意書已經簽好了
行動的步驟
4. 今天上第一堂滑雪課
行動的步驟
5. 我眞的在滑雪了
結果

2. 請按著以下的情境與思想路徑，從框框內的一個想法或念頭開始，逐漸走到最終的結果。這個過程通常需要兩個以上的行動步驟，但這個練習只需記錄兩個行動即可。

- 兩個朋友買了票，要去聽著名樂團的演奏。

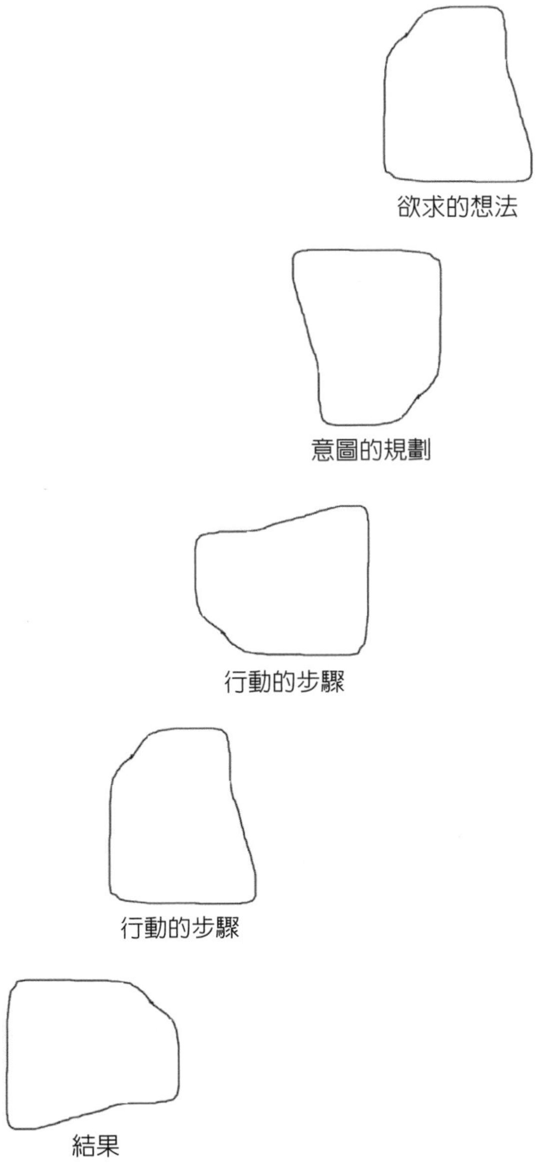

• 有人買了新衣服。

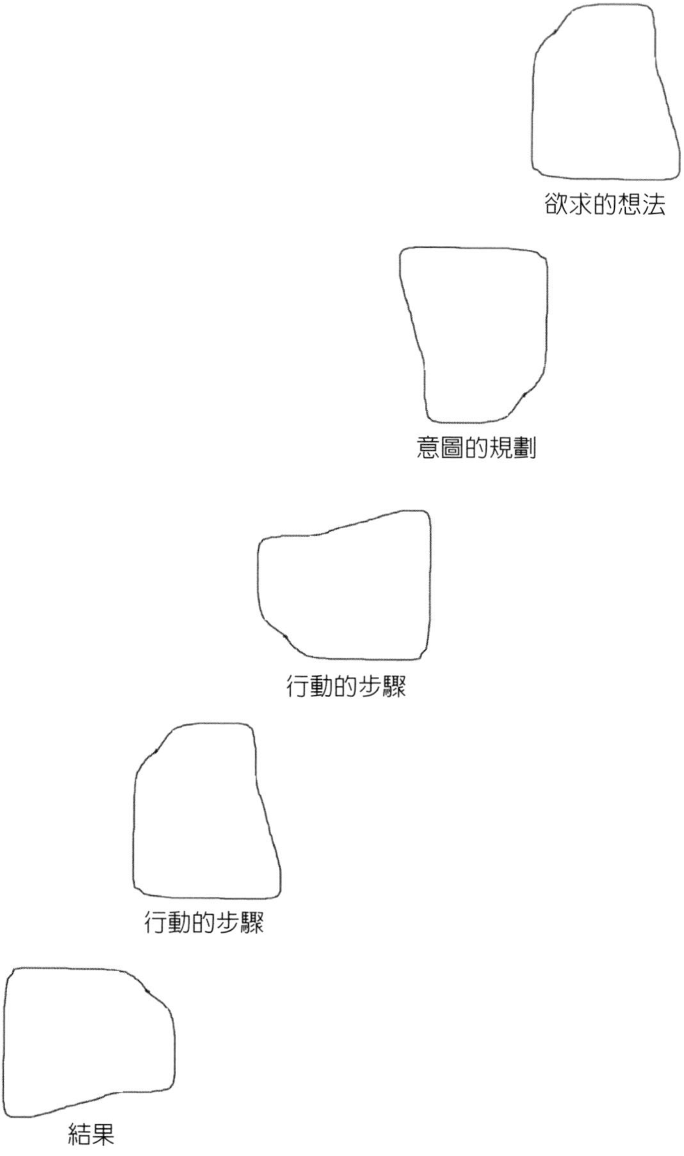

• 程式設計師開發了一款電玩遊戲。

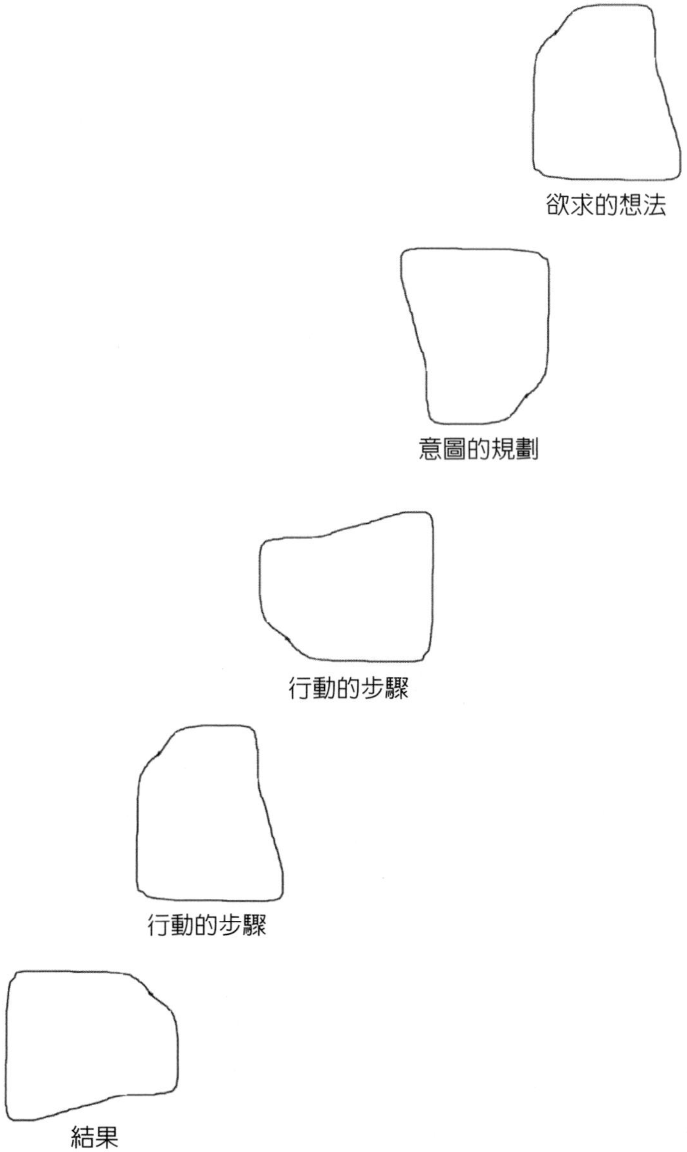

• 成功贏得選舉的總統宣誓就任。

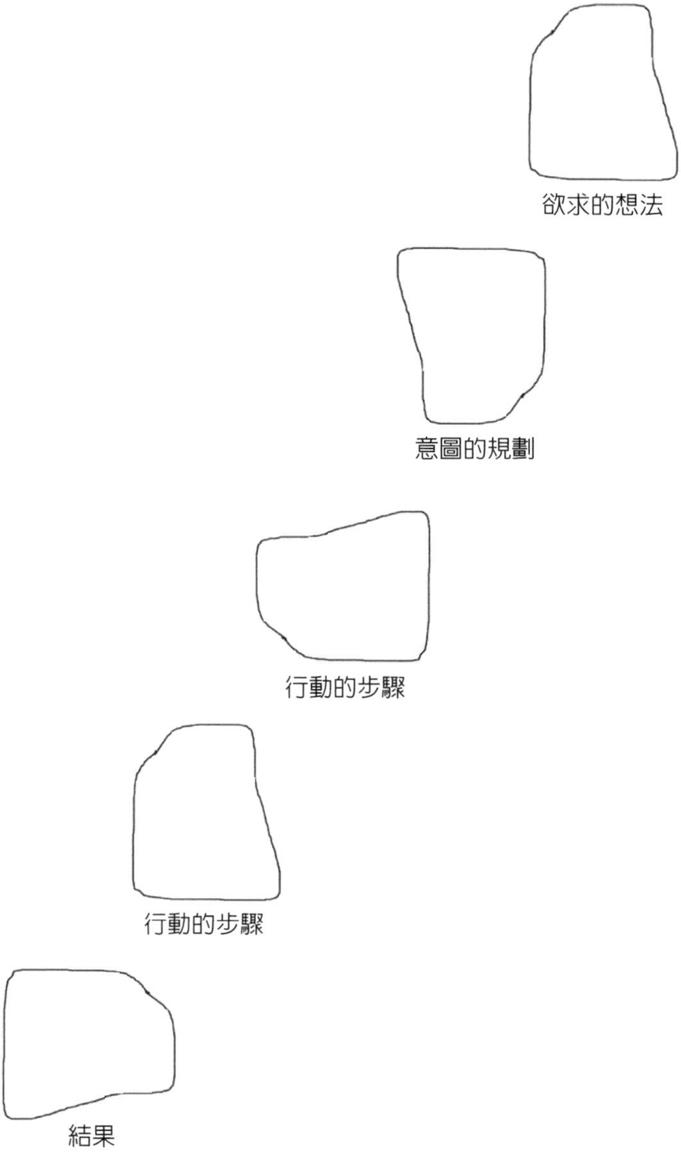

進階練習

1. 請列出你曾經從「一個想法」開展並完成的五件事。任何事都可以，從學走路、打保齡球、到贏得獎項都行。

(1)

(2)

(3)

(4)

(5)

2. 列出你今天早上做的五件事，這五件事都要始於一個想法與念頭。

(1)

(2)

(3)

(4)

(5)

3. 寫下你想在生活中完成的一些事與具體步驟。

欲求的想法：

意圖的規劃：

行動的步驟：

行動的步驟：

結果：

4. 寫下你為自己建立健康自尊的途徑。

欲求的想法：

意圖的規劃：

行動的步驟：

行動的步驟：

結果：

給自己的肯定句

我從「想法」開始，逐步由此完成我的目標。

第35課 朝著堅定的信念前進

信念指的是一份堅定的信仰與確信。你若對自己、對自己的目標堅信不疑，你便擁有了跨越所有挑戰的力量，擁抱你的夢想，忠於真實的自己。

貝特妮的經驗談

貝特妮從小就體弱多病。她一出生就得面臨心臟方面的諸多問題，五歲前已歷經許多大小手術，身體的不堪一擊，使她無法參與各種活動。雪上加霜的是，貝特妮的父親竟在這個家最辛苦的時候離開她們，家中的經濟重擔頓時落在母親身上，她得一人身兼兩份工，才能勉強撐起照顧貝特妮姊妹的生活。放學後，貝特妮和妹妹蒂雅經常要獨自在家，因爲媽媽請不起保姆照顧她們，也沒錢送姊妹倆去課後班。在那些沒有大人照顧的午後，姊妹倆會和外婆視訊，外婆會在遙遠的另一頭幫助她們完成功課，鼓勵她們。外婆也常與姊妹倆分享她的見識與智慧，有時也會講些好玩的笑話給兩個外孫女聽，逗得她們開懷大笑。

外婆的一生歷經過許多風浪，充滿人生故事。外婆國中二年級時，她的母親在一場意外中離世，外婆別無選擇，爲了照顧更小的妹妹們，只能輟學在家。一直到妹妹們都長大了，她才繼續完成高中學業，後來認識了外公。外公曾經一度沉迷酒精，當外公接受戒酒療程時，外婆全力支持，陪伴外公直到他脫離酒精成癮的問題。

面對兩個外孫女，外婆總不忘提醒她們：「生活裡難免會遭遇困難，既然無法避免，我們只能學習去面對和處理這些挑戰。當日子過得很苦時，最重要的一件事就是：永遠不要放棄！你可能同時要面對來自朋友、學校、健康或家庭的問題；也或許你很努力想要站起來，卻又不斷被人推倒在地，一次又一次，讓你非常挫折。不過，千萬要記得，只要你心中有堅定的信念，相信自己可以勝過挑戰，你就一定可以！」

先試試看

1. 想像框框中的這幅人形圖像代表你。在圖像上著色或做些修飾來表達你所充滿的能量與信念。以不同的顏色、線條、各種形式或材質來描繪你內在那股根深柢固、堅不可摧的信念。

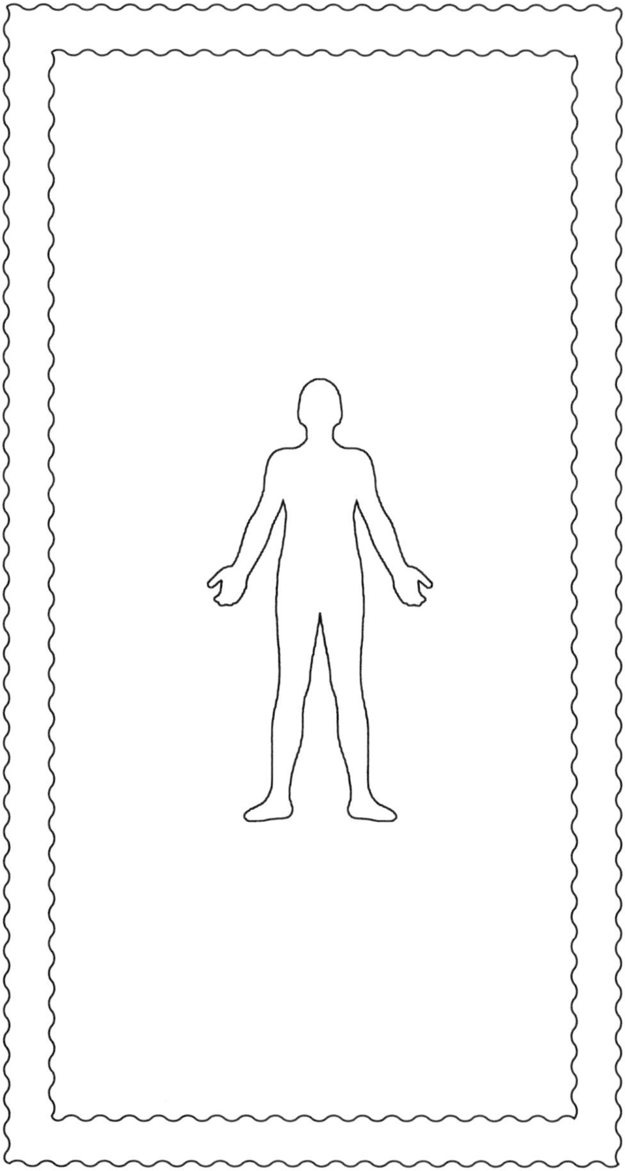

2. 請在人形圖像旁的空白處，寫下幾句你想表達的信念。你可以參考以下提供的例子，選出符合你信念的內容，或是以自己的文字來表達。

「我相信自己。」

「我相信正向與積極的結果。」

「我拒絕灰心喪志。」

「我相信一切正漸入佳境。」

「我永不放棄。」

進階練習

1. 請列出你至今曾完成的任何目標。這些成果可以是精神上的、身體的或靈性方面的；這些成就可能與家庭、朋友、學校或其他活動有關。完成這份清單後，請選出其中最歷盡艱辛才達成的成就，並在旁邊標示星號。分享一下，若你在完成目標之前便放棄努力，你現在的生活將有何不同。

2. 下圖是個障礙訓練場。請在圖中以星號選擇一個項目，從這裡開始進行這個障礙行程。在每一個插圖下方的虛線上，寫下你要達成的目標。在障礙訓練場的起點處，畫上你自己的圖像。在障礙訓練場的終點處，以文字或圖像來記錄你終於完成的成果。在每一個障礙之間，以文字或圖像來記錄你為達目標所戰勝與克服的挑戰。（譬如如果你要達成的目標是英文科目及格，那麼

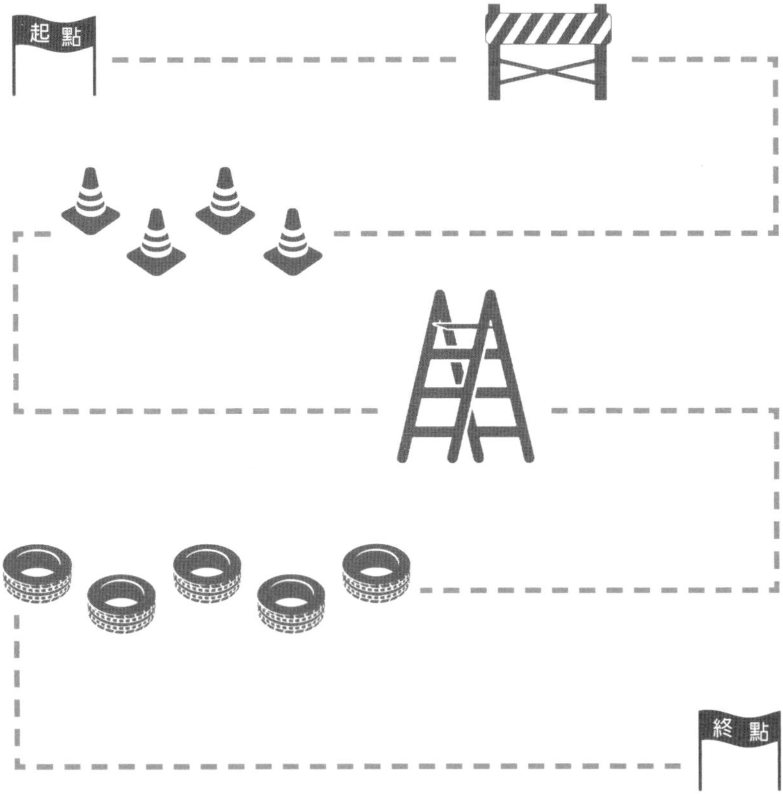

你要面對的障礙可能是：考試、做報告、或給分嚴厲又挑剔的老師。）

3. 請在下圖的每一個圖像中，以你當前所面臨的挑戰來一一標示命名。在障礙訓練場的起點處，畫上你自己的圖像。在障礙訓練場的終點處，以文字或圖像來記錄你終於完成的成果。在每一個障礙之間，以文字或圖像來記錄一些達標過程中，險阻重重的困難。

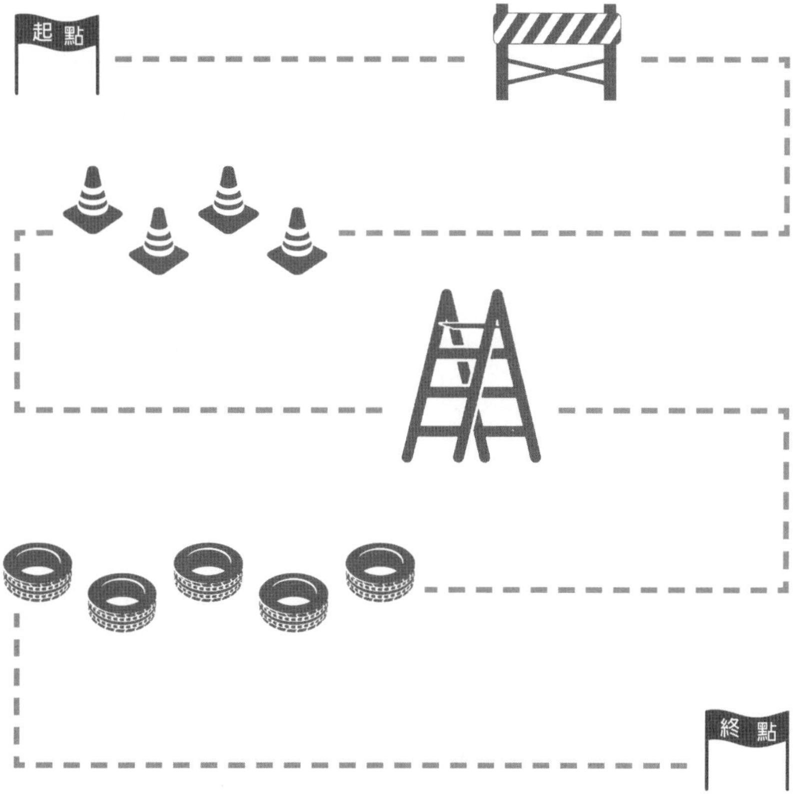

給自己的肯定句

我拒絕放棄！我拒絕灰心喪志！

第36課 正向決定收成正向結果

在大部分情況下，正向的決定通常會帶來正向的結果。當你做了一個正向的決定後，儘管在付諸實現的過程中困難重重，但你卻因此開創了一個「收成正向結果」的絕佳機會。

傑米的經驗談

傑米的弟弟被校方發現其報告內容是從網路上一字不漏地抄襲而來。弟弟近日也開始和一些小混混同進出。傑米對弟弟的種種行徑有些憂心，於是開口關心他的狀況。

「直接抄襲比自己絞盡腦汁去想，實在容易多了。」弟弟直言不諱道：「我的書寫能力本來就不好。是啦，我知道繼續和這幫朋友廝混可能會出亂子，但一起冒險去做些事還滿好玩的，而且很酷！」

「抄襲報告確實比較輕鬆，」傑米回應道：「但現在這些後果卻一點都不好玩。你被停學一天，要求重寫一份報告，爸媽也把你禁足在家，不准你出門。你做的決定一開始或許好像很正向，但其實不是，因爲所有後果都是負面的。就像你和那些小混混在一起，一開始感覺和他們同進同出又酷又炫，但你有沒有想過後果會怎麼樣？」

「我知道後果會是負面的，」傑米的弟弟說道：「但是爲了比較好的後果而苦苦等待，實在太難了，我捨不得放棄近在眼前的美好感覺。」

「我明白你的意思，」傑米對弟弟說道：「那我問你，你寧願因爲等待而忍受一點小問題，還是寧可放棄等待而承受負面後果所引發的更大問題？正向的決定會帶來正向的結果，而且你在過程中也會對自己感到滿意。我希望你明白，負面決定不只招致負面後果而已，你最終還會討厭那樣的自己。你配得更好的一切。考慮一下吧，做出更好的選擇，好讓你的生活變得更好，而不是更糟。」

先試試看

針對以下每一個情境，寫下一個充滿正向的決定與另一個充滿負面的決定，然後分別推論出這兩種決定最終會導致如何不同的結果。

茱莉亞只想買一條巧克力棒，但收銀台前人龍很長，她得花不少時間排隊結帳。但她趕時間，沒辦法等那麼久。她心想，是不是乾脆把巧克力棒塞進口袋裡，然後若無其事地離開。

可能的正向決定：＿＿＿＿

後果：＿＿＿＿

可能的負面決定：＿＿＿＿

後果：＿＿＿＿

派翠克對人氣很高的伊凡充滿愛意，常暗自希望伊凡會願意和他說話。有一天，機會來了，伊凡終於跟派翠克說話了。然而伊凡一開口便要求派翠克在近日的考試中幫她作弊。

可能的正向決定：＿＿＿＿＿＿＿＿

後果：＿＿＿＿＿＿＿＿

可能的負面決定：＿＿＿＿＿＿＿＿

後果：＿＿＿＿＿＿＿＿

蘇菲亞的男朋友不顧她的意願，要求她在身體的親密關係上更開放些。蘇菲亞擔心如果不依從男友的期待，恐怕對方會因此與她分手。

可能的正向決定：＿＿＿＿＿＿＿＿

後果：＿＿＿＿＿＿＿＿

可能的負面決定：＿＿＿＿＿＿＿＿

後果：＿＿＿＿＿＿＿＿

東尼發現了一位不受歡迎的同學有個不爲人知的背景。他知道如果把這訊息公諸於世，會讓自己在同儕間成爲很酷的爆料者。

可能的正向決定：______

後果：______

可能的負面決定：______

後果：______

凱西的叔叔罹患絕症，目前在醫院治療，她計畫和家人一起去醫院探望叔叔。隨後，她受邀在同一天參加年度最棒的派對。

可能的正向決定：______

後果：______

可能的負面決定：______

後果：______

進階練習

1. 留心觀察，然後記錄你一整天下來所做的決定，也可以記錄其他任何人的決定。如果你覺得那是正向的決定，把＋圈起來，反之則圈－，同時說明緣由。

1. ＋ －

因爲：

2. ＋ －

因爲：

3. ＋ －

因爲：

4. ＋ －

因爲：

十一

5.

因爲：

2. 請分享你曾做過的正向決定，並描述那個決定所帶來的結果。

3. 你的自尊如何深受這些結果的影響？

4. 請分享你曾做過的負面決定，並描述那個決定所引發的後果。

5. 你的自尊如何深受這些後果的影響？

6. 請想像與描繪一個「人人皆做正向決定」的世界。生存在這樣的世界，有何不同？還是其實沒什麼兩樣？

給自己的肯定句

做正向的決定，會為我帶來正向的結果。

第37課 遇到困難，請正面迎戰

面臨困難的狀況時，你可能想要忽略它、逃避它、或想辦法讓困境自動消失。但假如我們不正面迎戰，最終將使問題變得更糟。面對挑戰有助於強化我們的自我觀感，建立健康的自尊。

艾倫的經驗談

艾倫因爲遲到，校方發了一張「課後留校」通知單給她，請她帶回家給父母簽名，然後在週五放學後留校一小時。艾倫知道爸媽會因此對她祭出禁足令。尤其最近她總覺得父母對她格外嚴格，如果讓他們知道這件事，下場肯定慘不忍睹。當艾倫步上公車時，課後留校通知單從書本夾頁中掉出來。艾倫看著掉落在地上的通知單，開始猶豫起來。她最終並沒有把通知單撿起來，然後一陣風把通知單吹走了。這一幕讓艾倫笑了。「就讓一切隨風而逝，船到橋頭自然直」，她暗自思忖。

時間來到星期一早上，艾倫的爸爸接到學校訓育主任的電話。結果是，艾倫因爲沒有履行第一次留校要求，因而必須接受第二次課後留校的懲罰。若再犯一次，她將被停學。艾倫的父母則不准她出門長達兩週，第一週懲罰她遲到而接到留校通知，第二週是罰她故意隱瞞，不告知父母實情，他們稱之爲「矯正隱瞞」處罰。

面對問題時，艾倫選擇以忽略和逃避的方式，讓問題暫時消失。然而這麼做不但沒有處理和解決問題，反而從一個問題衍生出更多問題，不斷惡性循環下去。當我們不正面迎戰時，我們其實是讓問題從小事釀成大事，變本加厲，最終難以收拾。

先試試看

說說看，如果以下這些孩子不正面迎接他們的挑戰，最終會釀成什麼問題。

特蕾西有社交恐懼症，無法自在地面對周遭的同學，而且她一緊張就會在上課前躲在女生廁所狂吐，但她卻不想跟媽媽為她安排的諮商師談談。

羅伯騎腳踏車時不小心把爸爸的車門刮出一道痕跡，他想辦法用一些泥土來「掩蓋」刮痕，湮滅罪證。

艾曼達搞不懂許多數學功課，於是她選擇在數學考試當天翹課。

喬沒有在爸媽訂下的宵禁時間前趕回家，他知道爸媽一定會爲此大發雷霆。爲了逃避他們的責罵，他乾脆徹夜不歸。

蜜雪兒在祖父過世後經常出現頭痛症狀。她不想去給醫生診治，於是她瞞著母親不說。

進階練習

1. 以下哪些情境是你或身邊其他人曾經用來逃避挑戰的慣用手法，請圈選。如果還有其他逃避問題的常用方式，請寫在空白線條上。

暴飲暴食　　喝酒　　狂睡

眼不離電視	瘋狂工作	逃避面對某人或某事
撒謊	嗑藥	自我孤立
足不出戶	過度運動	過度投入某些活動
抱怨他人	否認問題	長時間待在電腦前
逃離	自戕	絕食

2. 描述一個你目前正面臨的棘手挑戰。

3. 如果你使用上述某一種方式來逃避這項挑戰，說說看後果會如何。

4. 如果你選擇逃避，你覺得這些行為將如何影響你的自尊？

5. 如果你正面迎戰，說說看結果會如何。

6. 如果你選擇正面迎戰，你覺得這些行為將如何影響你的自尊？

給自己的肯定句

面對挑戰是解決問題的不二法門，同時也有助於建立健康的自尊。

第38課 設定具體可行的目標

設定具體可行的目標，具有高度的達成率。這一類目標，範圍通常比較小，有中程的步驟，稱之為短期目標。當你設定好具體可行的短期目標時，你離長期目標的距離就更近了。

開創我們所要的目標，第一步是頭腦裡先有個想法。我們已經學會一件事，那就是：機會和可能性是無可限量的，唯一會使我們裹足不前的是我們的想法與念頭。因此我們知道，每個人都可以心懷遠大夢想，也有能力讓夢想成眞。

然而，我們還是需要採取可行的步驟與行動，才能築夢踏實。假設你的夢想是成爲髮型設計師、稱職的父母或專業的外科醫生，這些目標絕不會因爲你成天躺在床上神遊美夢而如願以償。

有時，我們難免在追尋目標的過程中遇到窒礙難行的問題，這或許是因爲我們把目標訂得太高了。比方說：「我想發憤圖強、力爭上游，我要在這學期參加三個社團，再去學一樣樂器，同時找份兼職工作，然後讓自己的成績從D進步到全科都達到A。」也或許我們會想說：「我好希望靠跑步來塑身，讓自己的身材更好。好吧，那我就來報名參加兩週後的馬拉松比賽。」

對大部分人而言，這些目標都太不切實際，而且會讓自己的體力與精神壓力負荷過重。多數人都會因體力不支或不堪負荷而提早放棄。想達成心中的遠大目標嗎？不妨將它設定爲長期目標來經營——需要花比較長久的時間，按部就班讓自己美夢成眞。然後，我們再來設定一些具體可行的短期目標，作爲朝向長期目標的步驟。譬如，你若渴望生活來個全面大翻轉，那麼就先從小目標開始著手，諸如參加社團、決定學習何種樂器、找份工作，以及花更多時間在完成功課和準備考試上，這些都是具體可行、朝向長期目標的方法與步驟。如果想要塑身，讓自己的身材更傲人，那麼具體可行的短期目標便是每週開始規律性的跑步三次，然後等時機成熟時，再報名參加馬拉松。

掌握要點，知道如何設定具體務實的短期與長期目標，可以幫助我們建立更成功、更健康的自尊。

先試試看

短期目標可以在近期的未來達成（例如通過明天的考試），長期目標則是預計要在比較遠程的未來才能達成（例如大學順利畢業）。短期與長期目標跟個人的年齡和置身的環境大有關係。

1. 依據以下不同的目標，你若覺得它屬於短期目標，請圈選S；你若覺得它是需要長期奮戰才能達成的長期目標，請圈選L。

S L 說一口流利的西班牙語

S L 看一場長曲棍球比賽以了解球賽如何進行

S L 完成一份求職履歷

S L 參加體育課

S L 在衝浪比賽中得獎

S L 報名西班牙語初階班

S L 擔任營隊輔導員

S L 每天練習衝浪一小時

S L 提升體育課成績

S L 在長曲棍球隊中獲得最高分

2. 請寫下三至五項短期目標，以達成下列不同的長期目標。

作爲大學新鮮人，貝奇希望有一天可以在大學合唱團擔任女高音的獨唱。

1. ________
2. ________
3. ________
4. ________
5. ________

特雷沃想把手機升級與更新，但他需要錢來付費完成這項目標。

1. ________
2. ________
3. ________
4. ________
5. ________

柯林想要寫一篇文章發表在校刊上。

1. ______
2. ______
3. ______
4. ______
5. ______

狄安娜想找查爾斯一起跳舞，但她連查爾斯本人都還沒見過。

1. ______
2. ______
3. ______
4. ______
5. ______

進階練習

1. 在每一個樓梯頂端，寫下你預計要在六個月內達成的一項長期目標。然後在樓梯的每一階分別填上一個短期目標，逐步拾級而上。你若需要更多階級（短期目標），可以自行增加台階。

我的長期目標

我的長期目標

2. 當你將目標設定得很高，最終因為眼高手低而無法如願達標時，你對自己有何觀感？請分享。

3. 當你夢寐以求、期待已久的目標終於達成了，你對自己有何觀感？請分享。

給自己的肯定句

為求順利達成目標，我要務實地設想與規劃。

第39課 需要時，勇敢求助

沒有人是無所不能的超人，每個人的能力都有限。因為這樣的限制與實況，使我們必須與人互動，互相支援。在你有需要時轉身向別人尋求協助或支持，是個很給力的工具，不但有助於你圓夢達標，也可以維繫健康的自尊。

瑞秋的經驗談

瑞秋和媽媽爆發嚴重爭執。事情是這樣的。瑞秋已經憂鬱了一段時間，她的心情跌落谷底，成績也一落千丈，與同學之間的互動日益疏離，甚至自我封閉起來。

媽媽覺得瑞秋應該找家人以外的人傾訴一下心聲，並要她和輔導老師談談。「我不想把我自己的問題說給陌生人聽，他們不過是收費聽我說話而已。」瑞秋反對媽媽的建議。「我很好。我只是需要一些獨處的時間。」

隔週，瑞秋的田徑教練在一場比賽後將她拉到一旁，說她的表現急速退步，這段時間她的努力似乎沒看到任何成效。

「我想推薦你去找個諮商師。」教練邊說邊遞了張名片給瑞秋，然後繼續說服她：「卡洛琳是我的朋友，她是位很棒的傾聽者。她之前也曾經和田徑隊裡的其他女生聊過。卡洛琳自己在中學時也曾親身經歷過一段很辛苦的階段，她對你的遭遇一定能感同身受。我希望你能和她約個時間見面聊聊。不然的話，我就要你暫時退出田徑隊，好好休息一陣子。」

瑞秋明白教練的意思，她若一意孤行不願求助，便將失去心中很在意的運動。她跟媽媽提起了這位諮商師，也主動和卡洛琳約時間見面。教練說得對，卡洛琳很親切，她對瑞秋的苦惱瞭若指掌，很能認同她的感受。她覺得瑞秋的感受在青春期是很正常的情緒反應，她只是需要一些助力來幫助她面對與處理。卡洛琳也提出一些處理問題的模式和建議，這些都是瑞秋沒想過的部分。瑞秋最終承認，自己最初很抗拒來找卡洛琳，但現在她感覺好太多了，能把事情說出來，而且還能聽取客觀的意見，令她如釋重負。

「這是很正常的。」卡洛琳說：「有時當我們發現自己無力解決某些事情時，確實會讓我們覺得難爲情或羞於啓齒。但是，我們就是爲了彼此扶持、相互成全而存在的。不然的話，我們大家都可以自己修車子、自己補牙、自己訓練自己的運動隊伍了，不是嗎？如果人人自給自足，不需要藉助外力相互支援，我們就不需要消防員、不需要律師、美甲師或建築工人了。人人都成了孤鳥，徹底獨立自主，永遠不需要與任何人互動。

「有需要時對外尋求支援，是兼具勇氣與智慧的象徵。因爲那意味著我們有勇氣去面對眼前的問題，而非逃避與退縮。」

先試試看

1. 有時我們或許會覺得，就算我們開口求救，也未必能找到值得信任的對象來幫助我們。當然，我們認識的人很多，但就是不相信會有真正了解我們的朋友。也或許我們常感覺被孤立或孤單寂寞。不過，請你想想，我們的生活中一定可以找到至少一位相信我們的人，只要我們主動發出需求，這個人不但願意伸出援手，而且樂於陪伴我們。

那位關心你的人是誰，請寫下對方的姓名。

2. 再想想任何一個願意相信你的人，或任何一個願意在你急需幫助時樂於助你一臂之力的人。如果有人打擊你時，誰會為你挺身而出？當你受傷、受挫時，誰會陪伴安慰你？在以下不同分類的對象中，誰是你認為真正或極有可能會支持你、幫助你的人，請寫下他們的姓名。

我的家人：

家庭以外的人：

朋友：

鄰居：

諮商輔導員：

教練：

老師：

信仰團體的領袖：

親密好友：

其他：

3. 把你的名字寫在金字塔頂端的第一個格子裡。在下方的其他格子裡，寫上那些會支持你、對你伸出援手的人，包括你在上一題曾經列出的姓名。

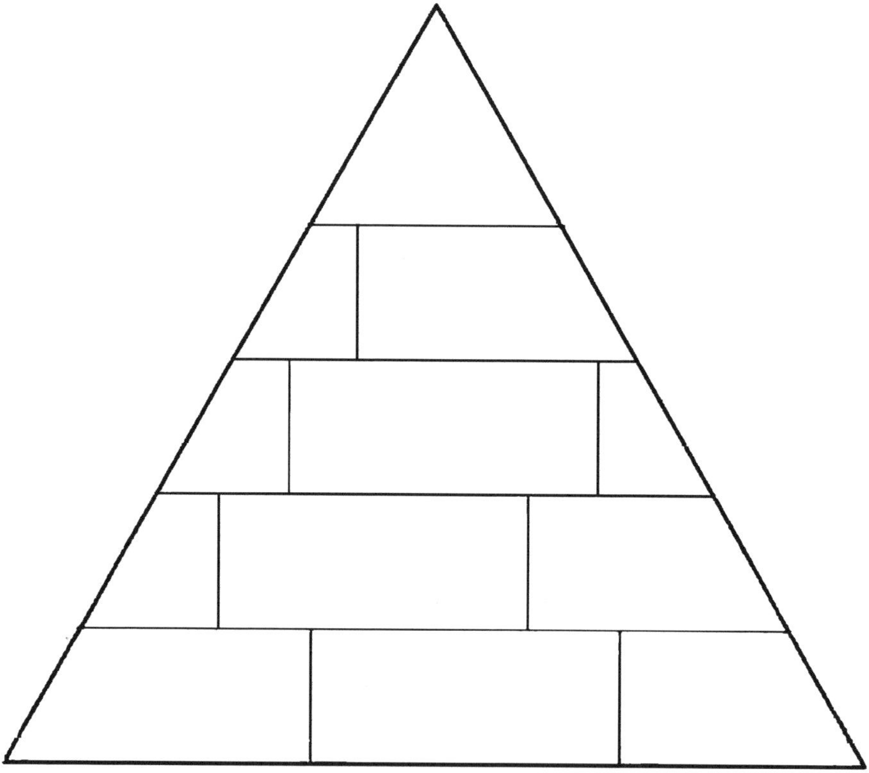

進階練習

1. 寫一封信給關心你的人，試著開口向那人求助。你可以選擇只寫不寄，所以請暢所欲言，將深藏內心的話如實寫出來。

親愛的＿＿＿＿

2. 說說看，你若向此人求助，對方會如何支持你、幫助你？對方可能會對你說些什麼？做些什麼？

3. 向人求助是什麼樣的感覺？請分享。

給自己的肯定句

尋求幫助，是充滿智慧與健康的解決問題之道。

第40課 超越的力量

很多人相信在自身以外，還有另一份超越性的力量，因為宇宙天地並非出自人手所創造，所以，人類無能掌控任何事。如果你相信這世界存在著比你更強大的力量，那麼，你可以倚靠這份力量來幫助你面對人生的各樣挑戰。

人類是如此奇妙的生物。透過我們深思熟慮的思考與創造力，我們徹底翻轉了這個世界——我們發明了飛機，所以就算我們沒有翅膀也能翱翔天空；藉由無線傳輸的聲音與影像，我們打破了空間限制，隨時隨地都可以與人溝通無礙；在又冷又暗的環境下，引進了光與熱到我們的家中；我們還可以將破損的身體修復回來，骨頭斷了可以重接，器官壞了可以移植；人類的雙腳甚至可以踏上另一個星球。

我們治理國家，教育百姓，暢遊水底，搭建摩天大樓，撰寫電腦程式。我們發現治癒疾病的藥物，我們發明各種機器，可以洗衣服、切麵包，還有更精密的器材替我們的腦部攝影照相。我們透過藝術、文學和音樂來發揮我們的天賦與才華。

儘管我們具備各種驚人的能力、才智與成就，但我們並沒有能力設定行星的軌道，我們也創造不出超過兩萬種魚類和九十萬種昆蟲。我們設計不了大自然的循環系統，讓水蒸氣從池塘和海洋蒸發，好讓雨水降落在農作物上，以維繫地上的生態與生命。我們想不透如何透過兩個微小細胞在子宮內結合，並以九個月的時間孕育成一個小生命。

當我們終於認清，在充滿未知的宇宙天地間，原來有一股運行中的力量，遠遠超越我們的能力所及，持續不斷在創造與維繫這微妙而複雜多元的世界，充滿令人讚歎的奇蹟。我們可以善用知性與理解力，與這份超越性的力量建立關係，藉此幫助我們面對人生中的各項課題。

先試試看

1. 你如何理解那比你更強大的超越性力量？你會選擇以什麼樣的詞彙來形容它？

請圈選以下符合你想法的詞彙。

生命能量	大自然	上帝	平安	靈性
愛	神性	聖潔	盼望	意義
信仰	能量	永恆	感恩	奇蹟
智慧	目的	內心	天堂	祈禱
自然律	生命流動	喜樂	宇宙	無限

2. 勾選以下符合你個人信念的主張。

□ 萬物的存在其來有自，背後總有個緣由。

□ 我是被愛的。

□ 我的出生有一份被命定的計畫與安排。

□ 我可以相信那份超越性力量。

□ 每一件事的發生都互相效力，爲了使人受益。
□ 天地之間，有一份比我更強大的力量存在。
□ 祈禱與思想可以帶來改變。
□ 我可以被那份更高的力量引導。
□ 在神聖的生命之流裡，我是其中的一分子。
□ 上帝沒有創造垃圾，所以，我是宇宙中珍貴的受造者。

3. 請隨意增加任何足以反映你信念的命題與主張。

______

______

______

4. 在框框中畫個符號，或是使用線條、顏色或任何形式來描繪你對「超越性力量」的信念。

進階練習

1. 如果宇宙天地間的運轉自如，有賴那份超越性力量的主導，請敘述當你如實接納自己時，這個觀念如何與你的理念相融一致？當你自怨自艾、對自己尖酸刻薄時，你的信念與這個觀念如何漸行漸遠？

2. 你認為健康的自尊對其他宇宙萬物會帶來正面或負面的貢獻？請分享你的看法。

3. 相信「超越性力量」可以如何幫助你面對以下各種處境：

當你知道交往的對象取消跟你的約會，改和其他人出去時：

當你嫌惡自己的身體時：

你在做口頭報告，講話結結巴巴時：

你寄出了五份求職信，結果連一通主管的回覆都沒有時：

4. 請閱讀以下這篇「寧靜禱文」，許多人曾從中尋得心靈的平靜：

賜我平靜的心，去接受我無法改變的；
賜我勇氣，去改變我可以改變的；
並賜我智慧，去分辨這兩者的差異。

5. 你若對這篇禱文深有同感，受惠良多，請藉此來找到屬於自己的平靜與力量。如果這篇禱文對你沒什麼幫助，請你為自己寫一篇禱文或一份期許，可多善用那些能夠將你與「個人更高力量的平靜」連結起來的文字。

給自己的肯定句

那份超越一切的力量，可以幫助並支持我。

國家圖書館出版品預行編目（CIP）資料

為何你不敢自在做自己？：建立自尊的 40 堂課 / 麗莎 · M · 薩伯（Lisa M. Schab）著；童貴珊譯 . -- 初版 . -- 臺北市：橡實文化出版：大雁出版基地發行，2020.08
面；　公分
譯自：The self-esteem workbook for teens : activities to help you build confidence and achieve your goals
ISBN 978-986-5401-28-3（平裝）

1. 青少年心理　2. 自尊

173.2　　109008837

BC1078

為何你不敢自在做自己？：建立自尊的 40 堂課
【邁向成熟大人的情緒教養系列 1】
The Self-Esteem Workbook for Teens:
Activities to Help You Build Confidence and Achieve Your Goals

作　　者　麗莎 · M · 薩伯（Lisa M. Schab）
譯　　者　童貴珊
責任編輯　田哲榮
協力編輯　劉芸蓁
封面設計　斐類設計
內頁構成　歐陽碧智
校　　對　吳小微

發 行 人　蘇拾平
總 編 輯　于芝峰
副總編輯　田哲榮
業務發行　王綬晨、邱紹溢
行銷企劃　陳詩婷
出　　版　橡實文化 ACORN Publishing
地址：10544 臺北市松山區復興北路 333 號 11 樓之 4
電話：02-2718-2001 傳眞：02-2719-1308
網址：www.acornbooks.com.tw
E-mail 信箱：acorn@andbooks.com.tw
發　　行　大雁出版基地
地址：10544 臺北市松山區復興北路 333 號 11 樓之 4
電話：02-2718-2001　傳眞：02-2718-1258
讀者傳眞服務：02-2718-1258
讀者服務信箱：andbooks@andbooks.com.tw
劃撥帳號：19983379　戶名：大雁文化事業股份有限公司

印　　刷　中原造像股份有限公司
初版一刷　2020 年 8 月
初版三刷　2020 年 12 月
定　　價　380 元
I S B N　978-986-5401-28-3

版權所有 · 翻印必究（Printed in Taiwan）
如有缺頁、破損或裝訂錯誤，請寄回本公司更換。

THE SELF-ESTEEM WORKBOOK FOR TEENS: ACTIVITIES TO HELP YOU BUILD CONFIDENCE AND ACHIEVE YOUR GOALS by LISA M. SCHAB, LCSW
Copyright © 2013 by LISA M. SCHAB, LCSW
This edition arranged with NEW HARBINGER PUBLICATIONS through Big Apple Agency, Inc., Labuan, Malaysia. Traditional Chinese edition copyright © 2020 by Acorn Publishing, a division of AND Publishing Ltd. All rights reserved.